FERRET 1975

TABLE
DES ARTISTES
DE L'ANTIQUITÉ;

Par M.^r le Cte DE CLARAC.

TOULOUSE.
IMPRIMERIE DE JEAN-MATTHIEU DOULADOURE,
RUE SAINT-ROME, N.° 41.

1829.

ARTISTES DE L'ANTIQUITÉ,

OU

TABLE ALPHABÉTIQUE

CONTENANT,

JUSQU'AU VI.e SIÈCLE DE NOTRE ÈRE,

TOUS LES STATUAIRES, LES SCULPTEURS, LES PEINTRES, LES ARCHITECTES, LES FONDEURS, LES GRAVEURS EN PIERRES FINES QUE NOUS ONT TRANSMIS LES AUTEURS ANCIENS ET LES MONUMENS;

Par M.r le C.te DE CLARAC,

OFFICIER DE LA LÉGION D'HONNEUR; CHEVALIER DE S.t LOUIS, DE MALTE ET DE
S.te ANNE DE RUSSIE; CONSERVATEUR DES ANTIQUITÉS GRECQUES, ROMAINES
ET DE LA SCULPTURE FRANÇAISE DU MUSÉE ROYAL DU LOUVRE.

TOULOUSE,
IMPRIMERIE DE JEAN-MATTHIEU DOULADOURE.
—
1829.

AVERTISSEMENT.

Il ne me semble pas hors de propos de prévenir les personnes instruites entre les mains de qui pourra tomber cette table alphabétique, ou qui voudront bien l'accepter, que ce n'est pas proprement un ouvrage, mais une simple ébauche, un essai que je n'ai fait imprimer que pour me débarrasser de mon manuscrit, et le remplacer par plusieurs copies; aussi ne l'ai-je tiré qu'à 100 exemplaires, qui ne seront pas mis en circulation, et qui ne sont destinés qu'à des personnes aux connaissances et à l'obligeance desquelles j'aurai recours, pour que, m'aidant de leurs conseils, elles me facilitent, par leurs observations, les moyens de donner à mon travail toute la perfection dont il est susceptible. Cette table d'ailleurs ne doit pas paraître au grand jour ainsi isolée; peut-être même ne restera-t-elle pas entièrement sous cette forme, du moins pour les citations et pour la manière dont elle est imprimée. Elle doit être combinée de façon à rendre aussi commodes que possible les recherches dans des tableaux chronologiques plus considérables. Ce n'est, en effet, qu'une partie d'un travail beaucoup plus étendu, et la seconde des FASTES DES BEAUX ARTS CHEZ LES ANCIENS, qui doivent terminer l'ouvrage que je publie sous le titre de MUSÉE DE SCULPTURE ANTIQUE ET MODERNE, etc. Cette table entrera aussi, en grande partie, dans la nouvelle édition de la DESCRIPTION DES ANTIQUES DU MUSÉE ROYAL DU LOUVRE, et remplacera celle que j'avais mise dans la première édition de 1820, que j'ai corrigée avec soin, tant pour les noms que pour les dates, d'après plusieurs ouvrages, et sur-tout d'après l'excellent catalogue des artistes de l'antiquité, publié en latin, en 1827, par M. Jules Sillig, professeur de Dresde, qui en a fait hommage au docte Bœttiger, le Nestor des archæologues. Quoique je n'adopte pas toujours entièrement les opinions de M. Sillig sur quelques époques, ses discussions chronologiques, pleines de sagacité, m'ont été de la plus grande utilité, et je me plais à reconnaître tout ce que je lui dois. J'ai aussi de véritables obligations aux *Epoques des beaux arts* chez les Grecs, par M. Frédéric Thiersch, professeur de Munich; aux *Eginétiques* de M. Charles Müller, professeur de Berlin; et à des dissertations que MM. Hirt d'Heidelberg, Schorn de Stuttgard, Meyer, Nœbden, Osann, Bœtticer, ont insérées dans l'intéressant recueil que fait paraître ce dernier savant, sous le titre d'AMALTHÆA. Celui que M. Welcker, professeur de Bonn, et l'un des hommes les meilleurs à connaître sous tous les rapports, avait commencé à publier sous le titre de *Zeitschrift*, écrit périodique sur les arts et la littérature des anciens, m'a prêté plus d'une fois son secours. Je me suis aussi servi des additions qu'il a faites au catalogue de M. Sillig, d'après plusieurs recueils d'inscriptions, et qui ont été tirées en grande partie, ainsi que je l'ai fait depuis lui, du grand et superbe ouvrage où M. Bœckh, professeur de Berlin, a été chargé, par l'Académie, de réunir en un seul corps toutes les inscriptions grecques qui existent. Ce travail immense ne pouvait être confié à de plus savantes mains, et ce vaste recueil remplacera les nombreuses collections que l'on avait à consulter, dont plusieurs sont rares ou fort chères, et où sont disséminées, et souvent répétées, les inscriptions grecques que nous ont transmises les monumens que la Grèce a conservés, ou qui ont été transportés de cette antique patrie des arts dans les différentes contrées de l'Europe. On ne saurait témoigner trop de reconnaissance à l'Académie royale de Berlin, à M. Bœckh, et à son savant collaborateur, M. Müller, de l'éminent service qu'ils rendent à l'histoire ancienne et aux études archæologiques, en mettant ceux qui s'y consacrent à portée de puiser sans peine dans un si vaste et si précieux trésor.

Ayant parlé de mes Fastes des beaux arts chez les anciens, je crois devoir dire un mot de la manière dont ils sont conçus; et quoiqu'ils soient très-avancés dans plusieurs de leurs parties, et presque terminés, n'étant pas imprimés, ils sont encore susceptibles des améliorations que pourront m'indiquer les savans, aux lumières desquels je soumets ce petit exposé de mon travail.

Les fastes des beaux arts offriront, dans une série chronologique, tous les statuaires, les sculpteurs, les peintres, les architectes, les fondeurs, les graveurs en pierres fines, les ciseleurs, depuis les temps les plus reculés, dont il est question dans les auteurs anciens, et l'on y suivra les vicissitudes qu'ont éprouvées en Grèce, à Rome, à Constantinople, les monumens et les statues, jusqu'à la chute de l'empire romain, et jusqu'à la prise de Constantinople en 1204.

AVERTISSEMENT.

Ces fastes sont chronologiques et iconographiques, et se divisent en trois grands tableaux ou en trois séries.

Dans le PREMIER TABLEAU, je range, d'après leur ordre chronologique, tous les artistes et les monumens, de tous genres, dont on connaît les noms et les dates, ainsi que les événemens qui ont été favorables aux arts ou qui leur ont nui. Ce tableau se termine à la chute de l'empire romain, sous Romulus Augustule, en 475. On y trouvera indiqués tous les personnages dont les portraits nous ont été conservés, et dont mes planches contiendront la suite iconographique. Quelques signes, dans le texte, feront connaître au premier coup-d'œil si les portraits que l'on a d'eux sont des statues, des bustes, des médailles ou des pierres gravées. Un petit article sur chacun de ces personnages, rappellera bien, en peu de mots, ce qui les concerne, et désignera les collections où se trouvent leurs têtes; mais les signes, à la suite des noms, offriront à l'instant et synoptiquement les époques dont il nous reste le plus de ces têtes.

Signes. ● statue, ▲ buste, ✶ médaille, + pierres gravées. ? indique le doute, ?? que c'est plus que douteux, et ??? que la tête, l'époque ou le personnage sont probablement supposés.

Ainsi AUGUSTE, etc. ●▲✶+ signifiera que l'on a des têtes de cet empereur en statues, en bustes, en médailles et en pierres gravées.

ANNIBAL+? indique que sa tête, gravée sur une pierre fine, est douteuse.

HOMÈRE ▲✶???, ROMULUS ✶???. On voit par les signes que ces grands hommes ne sont connus que par des bustes et des médailles antiques, il est vrai, mais de pure invention.

Un R après ● signifiera que la tête du personnage a été rapportée sur une statue qui n'était pas originairement la sienne.

LE SECOND TABLEAU ou la table alphabétique que l'on va voir, contiendra la suite alphabétique de tous les artistes de l'antiquité, jusqu'au 6.ᵉ siècle de notre ère. J'indique le siècle de ceux dont on connaît la date, et on les retrouvera dans le premier tableau. Mais comme un siècle y occupera quelquefois plusieurs pages, pour faciliter les recherches, j'en précise le commencement, le milieu et les deux derniers quarts, de 25 en 25 ans, par les lettres a, b, c, d, qui suivent le numéro du siècle : V a, commencement du 5.ᵉ siècle ; V c, troisième quart du 5.ᵉ siècle ; V d a, fin du 5.ᵉ siècle, et commencement du 4.ᵉ avant Jésus-Christ. L'astérique qui suit le chiffre du siècle, marque qu'il est après Jésus-Christ. L'a après le ?, signe de doute, indique que l'on peut croire, quoique l'on ne connaisse pas positivement l'époque, qu'elle est ancienne, un peu avant Phidias; les deux aa, que l'artiste appartient à des temps très-reculés, aux premières époques des arts; et les aaa, qu'il remonte à des temps héroïques ou mythologiques, dont nous n'avons que des notions très-incertaines.

Les noms des artistes en petites capitales, sont ceux que l'on trouve gravés sur des monumens, soit statues, soit pierres gravées.

Le tableau chronologique devant contenir tous les ouvrages des artistes dont on connaît les époques, je me borne à offrir, dans la table alphabétique, l'indication des passages des auteurs où l'on peut puiser des renseignemens sur les productions des artistes de l'antiquité; mais je fais connaître les ouvrages de tous ceux dont on ignore la date, et dont il n'a pu être question dans le tableau chronologique.

Le troisième tableau contiendra, par ordre alphabétique, tous les monumens hébreux, égyptiens, grecs et romains dont on ne connaît ni les auteurs ni les époques, et dont il est question dans les principaux écrivains de l'antiquité, tels que la Bible, qui formera une suite à part; Homère, Hérodote, Diodore de Sicile, Denys d'Halicarnasse, Strabon, Pline l'Ancien, Pausanias, Athénée, Philostrate, l'Anthologie grecque et l'Anthologie latine, les Inscriptions grecques et les latines, etc., etc. Ces monumens sont rangés par classes : *temples, autels, statues, tableaux*, etc.; et, dans chaque classe, les villes ou les contrées où se trouvaient ces monumens, seront placées alphabétiquement, de même que les noms des divinités et des personnages héroïques et historiques, dont, pour la commodité des recherches, je ne ferai pas de classes distinctes, et le temple ou la statue d'un héros, d'un homme ou d'une femme célèbres se trouveront à côté de ceux d'une divinité, si leurs noms réclament d'être placés ainsi.

D'après les relations de quelques-uns des voyageurs modernes qui ont donné, sur la Grèce, les notions les plus exactes, j'indiquerai les monumens qui s'y trouvent encore, et qui sont rapportés par les auteurs anciens, dont les citations seront suivies de l'indication de celles des voyageurs modernes; avec le signe ?, lorsqu'il y aura quelque doute sur l'identité du monument ou sur sa position.

Ces trois tableaux offriront donc tous les artistes et tous les monumens de l'antiquité, connus par les auteurs anciens, jusqu'à la fin de l'empire romain. De là, nous suivrons les statues, à Constantinople, après avoir jeté un coup-d'œil sur la ruine de Rome et sur la disparition des statues antiques; et ce sera en partie un extrait de la belle dissertation du savant archæologue M. Carlo Fea, sur les ruines de Rome, insérée dans le troisième volume de son édition italienne de l'histoire de l'art de Winckelmann.

Cedrénus, l'Anonyme, Papias, et les autres écrivains du moyen âge, recueillis par Banduri dans son *Imperium orientale*, nous serviront de guides dans la ville de Constantin, et nous y montrerons les statues dont on avait dépouillé l'antique maîtresse du monde et la Grèce, et qui existaient de leur temps; parmi ces auteurs, nous n'oublierons pas, au 6.e siècle, Christodore, qui décrit 72 statues antiques qui embellissaient le Zeuxippe, portique de Constantinople; et nous visiterons, avec Paul le Silentiaire, et d'autres écrivains, l'admirable basilique de Sainte-Sophie, l'Augustion, la Chalcée, le Palais de Lausus, etc.

En 1204, lors de la prise de Constantinople par les princes croisés, Nicétas Choniatès nous conduira à travers les ruines de cette belle ville, livrée aux flammes et au pillage, et nous regretterons avec lui les chefs-d'œuvre de la statuaire antique qui en faisaient l'ornement, et qui furent presque tous fondus pour forger des armes, ou être convertis en monnaie. Cependant, à quelque temps de là, Pachymère nous montrera encore quelques statues qui avaient échappé aux fureurs de la guerre et à l'avidité du pillage. Nous aurons pour ainsi dire assisté aux derniers soupirs et aux affreuses funérailles de la sculpture et de la statuaire antiques, dont les brillantes productions auront disparu des contrées où, pendant tant de siècles, elles avaient répandu un si vif et si pur éclat, et où leurs restes devaient, jusqu'à des temps plus prospères, rester ensevelis dans la terre qu'ils avaient honorée, et qui s'était accumulée sur ces précieux débris comme pour avoir seule la gloire de les protéger contre les dévastations des barbares.

Renaissance des statues aux XV.e et XVI.e siècles en Italie.

Après avoir parlé du petit nombre de statues qui existaient

à Rome en 1430, lorsque le Poggio écrivait, je donnerai la liste de celles que décrit l'Aldroandi en 1552 et 1566, et dont étaient remplis les palais et les maisons de Rome, par les fouilles faites sous les Médicis; mais quoiqu'il y en eût un nombre assez considérable, et par les détails dans lesquels entre cet écrivain, qui cite même des fragmens, il est à croire qu'il n'omettait rien, l'on verra qu'il s'en faut de bien des milliers qu'il y eût alors et depuis, à Rome, et même dans le reste de l'Europe, autant de statues antiques que ne l'a avancé Oberlin et, d'après lui, l'abbé Barthélemi; assertion répétée par d'autres savans, qui ont mieux aimé l'adopter que de la discuter et d'en faire sentir toute l'exagération.

Viendront ensuite les fouilles faites au 16.ᵉ et au 17.ᵉ siècle, et dont rendent compte *Flaminio Vacca*, *Ficoroni*, *Winckelmann*, etc., etc. : nous indiquerons les statues qu'elles rendirent aux beaux arts.

La formation ou la fondation des musées ou des collections tels qu'ils existent aujourd'hui, doit suivre les fouilles.

Je donnerai, dans l'ordre chronologique, la fondation de tous les musées de l'Europe, ainsi que la suite de tous les ouvrages qui offrent, en gravures, des *séries* de statues antiques, avec l'indication des planches de chaque recueil, et un mot sur la manière dont elles sont en général exécutées.

Les fastes des beaux arts seront terminés, 1.º par une table alphabétique de tous les personnages dont les têtes auront été gravées dans le cours de l'ouvrage; 2.º par une table générale de toutes les statues que contiendra le MUSÉE DE SCULPTURE ANTIQUE ET MODERNE, soit gravées, soit simplement énoncées d'après les auteurs anciens et les modernes. Afin qu'on les distingue au premier abord, les statues indiquées par les auteurs anciens, seront imprimées en *caractères romains*; les statues examinées dans les ouvrages modernes, d'après les écrivains anciens, seront en *italique*; et avec le signe ●, lorsqu'elles y seront gravées. Les noms des statues qui existent en Europe, et que reproduisent mes planches, seront imprimés en petites capitales.

Minerve du Parthénon. Paus. etc.
Minerve du Parthénon. Winckelm. Quatrem. de Quin.
Apollon du Belvédère ●. Visconti, etc.
Apollon du Belvédère, p..... pl.....

ABRÉVIATIONS.

Ar. architecte. — Ar. ing. architecte ingénieur.—Ar. m. architecte mécanicien.
Cis. ciseleur.
Fo. fondeur.
Gr. graveur.
Grf. graveur sur pierres fines.
Pe. peintre.
Pe. de ge. peintre de genre.
Pe. mon. peintre monochrome.
Pe. p. peintre polychrome.
Pl. plasticien.
Sc. sculpteur.
St. statuaire.
St. to. statuaire toreuticien.

Ach. Tat. Achilles Tatius.
Act. Ap. Actes des Apôtres.
Æl. Ælien.
Anth. gr. Anthologie grecque, édition de l'Anth. palatine de Frédéric Jacobs, 4 vol. in-8.°, Leipsic, 1814.
Arist. Aristænète.
Ath. Athénée.
Athénag. Athénagore, avec les ouvrages de saint Justin, de Tatien, etc., édition de Charles Osmont, Paris, 1742.
Bœc. Bœckh, *corpus inscriptionum græcarum*, etc.
Brac. Bracci.
Cass. Cassiodore.
Cedr. Cedrénus.
Cicé. Cicéron.
Clém. Al. Clément d'Alexandrie, édition de J. Potter, 2 vol. in-fol., Oxford, 1715.
Corn. Nép. Cornélius Népos.

Dio. La. Diogène Laërce, édition de Wetsten, Amsterdam, 1692.
Dio. Sic. Diodore de Sicile.
Et. de Byz. Etienne de Byzance.
Etim. Mag. Etimologicus Magnus.
Eunap. Eunapius.
Eust. Eustathe.
Grut. Inscriptions de Gruter.
Harpo. Harpocration.
Hérod. Hérodote.
Hist. Aug. Historiæ Augustæ.
Jul. Cap. Jules Capitolin.
Jun. Junius, *de picturâ veterum*.
Juv. Juvénal.
Kstbl. Kunstblatt, journal allemand, consacré aux arts, et très-intéressant.
Lip. Lippert.
Luci. Lucien.
Macr. Macrobe.
Mart. Martial.
Montf. Montfaucon.
Mur. Muratori, *thes. inscrip.*
C. Mul. Carl. Muller, *æginetieorum liber*, etc.
Od. Mull. Odofried Muller. *Orchomenos*, etc.
Orl. Orlandi.
Pau. Pausanias, édition de Facius, 4 vol. in-8.°
Philos. Philostrate, édition de Welcker.
Phot. Photius.

gravée, qu'a publiée Millin (*pierres grav. inéd.*, pl. 32); ce graveur serait fils d'un Phronyme, d'un Phrynichus, ou de tout autre dont le nom commencerait par un Φ. — II*

ÆSCHINE, st. Dio. Lae. 2, *segm.* 64 *fin.* — ?

ÆSCHRAMIUS, st. Il travailla avec un Cephisodore. Montf. *Antiq.*, t. 3, pl. 158*. — ?

ÆSOPUS et ses frères sont nommés dans les inscriptions de Sigée, ville fondée sur les ruines ou avec les ruines de Troie, comme sculpteurs de la statue de Phanodicus, fils d'Hermocrate de Proconèse. (Voyez Chishull *dans Muratori. thes. inscrip.*, t. 4, p. 2103.) — ?

ÆTION, pe. Hérod. 5, §. 65, t. 1, p. 834. Luci. *imagg.* 7, t. 11, p. 466. — IVd

ÆTION, st. Théocr. *epig.* vii. — III c

ÆTION, grf. ΑΕΤΙΩΝΟΣ. Tête de Priam. Stos. 4, Brac., pl. 14. — ?

AGAMEDE, ar. Hom. Pau. — Sillig le place avec raison parmi les artistes des temps mythologiques. Au reste, ce n'est ni dans l'Iliade, ni dans l'Odyssée qu'il en est question, mais dans l'hymne à Apollon, v. 296; et comme les hymnes attribués à Homère ne sont pas de lui, on ne peut pas lui imputer AGAMEDE, ni ERGINUS, ni TROPHONIUS, que l'hymne donne pour père et pour frère à Agamède. Cependant ces architectes, qu'on disait avoir construit le temple de Tegée et l'heræum d'Olympie, pourraient bien avoir existé à des époques incertaines. Selon Pausanias, *Bœot.*, c. 37, 3, 5, ils auraient érigé un temple à Neptune, celui d'Apollon, en marbre, à Delphes, ainsi que le trésor d'Hyriæus, et bâti le palais d'Amphytrion, ce qui les rejette encore dans les temps fabuleux. — ? ▲▲▲

AGAPTUS, ar. *Voy.* AGNAPTUS. — ?

AGASIAS, fils de Dosithée, st. d'Ephèse. ΑΓΑΣΙΑΣ ΔΩΣΙΘΕΟΥ ΕΦΕΣΙΟΣ ΕΠΟΙΕΙ; auteur du héros combattant ou gladiateur Borghèse. Sillig veut en faire un Hégésias. Je ne vois pas pourquoi changer ce nom, qui est écrit Agasias en dialecte dorien sur la statue (*voyez* Inscriptions du Musée royal, n.° 262), et qui était certainement celui qu'il portait, et sous lequel il était connu. Voy. Winckel. t. 1, p. 292 et seq., et les notes. — IV ?

AGASIAS, fils de Ménophile d'Ephèse. Gruter. Il travailla

à Delos pour les Romains. Son nom, dans l'inscription qui en parle, est écrit Agasias. Voy. HÉGÉSIAS et *Sill. Catalog. artif.*, p. 223-225. ?

AGATHANGELUS, grf. Tête de Sextus Pompée sur une belle pierre. WINCKELM., *hist. de l'art.*, v. 5, p. 124; v. 6, p. 212. *Cabinet de Stosch*, cl. IV, sect. 2, p. 37, n.° 186. BRAC. 1, p. 24.   I c

AGATHARQUE, fils d'Eudème de Samos, pe. PLUT. *Pericl.* 13, *Alcib.* 16, ANDOCIDES *orat. c. Alcib.* §. 17, 22. DEMOSTH. *Midi*, p. 562. VITR. *l.* VII, *præf.* SILLIG.   V

AGATHÊ, grf. BRAC. ???

AGATHÉMÈRE, grf. ΑΓΑΘΗΜΕΡΟC. Tête de Socrate. BRAC. *pl.* 6.

AGATHOPUS, grf. ΑΓΑΘΟΠΟΥC ΕΠΟΙΕΙ. Tête de vieillard romain. STOS. 5. BRAC. *pl.* 7.   I*

AGATHOPUS (M. Julius), orfèvre grec, attaché à la maison des premiers empereurs, d'après une inscription trouvée dans le Columbarium des serviteurs des Césars. GORI.

AGÉLADAS d'Argos, st., maître de Phidias, de Polyclète et de Myron. PAU. *Eli.* 2, *c.* 8, 4. *Pho. c.* 10, 2, 3; *c.* 14, 5. *Ach. c.* 24, 2; *c.* 33, 2. Anth. pal. append., *t.* 2, p. 692. Voy. sur-tout SILLIG.   V a b

AGÉLADAS, st. PLI. *l.* 34, *c.* 19, *init.*   V d

AGÉSANDRE de Rhodes, st. PLI. *l.* 36, *c.* 4, 11. SILLIG.   I*

AGÉSISTRATE, mécan. VITR.   ?

AGLAOPHON de Thasos, pe., père de Polygnote et d'Aristophon. PLI. *l.* 35, *c.* 36. PAU. *Pho.* 24. SILLIG.   V b

AGLAOPHON, st. fils d'Aristophon. SILLIG ?   V d

AGNAPTUS ou AGAPTUS, d'Elide; selon quelques éditions de PAUSANIAS. *Eli.* 1, *c.* 15, 4, il fit, dans le bois de l'Altis, à Olympie, un portique, auquel les Eléens donnèrent son nom. D'après un passage des *Eli.* 2, *c.* 20, 7, cet architecte me paraîtrait assez incertain.

AGORACRITE de Paros, st. élève de Phidias. PLI. *l.* 36, *c.* 4, 3. PAU. *Bœot. c.* 34, 1. Sillig en traite au long.   V c d

AGROLAS, ar. des temps mythologiques, dont Pausanias, *Att. c.* 28, 3, n'avait pu rien apprendre, si ce n'est que l'on disait que, du temps des Pelasges, il avait, avec son frère HYPERBIUS, fortifié une partie de la citadelle ou de l'acropole d'Athènes. Leurs noms d'ailleurs, qui indiquent leur antiquité, désigneraient Agrolas comme un homme qui réunit des pierres, et Hyperbius pour un homme d'une force et d'une audace extrêmes. *Voy*. Sillig, art. AGROLAS. | ? AA

ALCAMÈNE, st. Pli. *l.* 34, *c.* 19 *init*, 12; *l.* 36, *c.* 4, 3. Pau. *Att. c.* 1, 4; *c.* 8, 4; *c.* 19, 2; *c.* 20, 2. *Cor. c.* 30, 2; *Eli.* 1, *c.* 10, 2; *Arc. c.* 9, 1; *Bœo. c.* 11, 4. *Phoc. c.* 9, 4. *Voyez* Sillig. | Vcd

alcamène, sc. Affranchi de Lollius, et auteur d'un bas-relief de la villa Albani. Winckelm. *mon. inéd. pl.* 186. Zoega. *bassi rilievi*, etc. *pl.* 23. | ?

ALCIMAQUE, pe. Pli. *l.* 35, *c.* 40, 32. | IVd

ALCIMÉDON, cis. Virgile, *ecl.* 3, loue les beaux vases de cet habile ciseleur, qui peut-être existait de son temps. | I*

ALCISTHÈNE, fem. pe. Pline, *l.* 35, *c.* 40, 43, cite un sauteur qu'elle avait peint. | ?

ALCON, st. Il fit pour Thèbes une statue d'Hercule en fer, pour rappeler la constance et le courage du héros. Il paraît ancien. Pli. *l.* 34, *c.* 40. | ? AA

ALCON, fils de Nilée, cis. Ovide, *mét.* XIII, 683. On peut ranger ce ciseleur parmi les artistes des temps mythologiques inventés par les poètes. Cet Alcon aurait ciselé un superbe cratère, donné par le roi Anius à Enée, et sur lequel était représentée la ville de Thèbes en Béotie, où l'on voyait une cérémonie funèbre, et les filles d'Orion, Metiocha et Menippe, s'immoler pour leur patrie, affligée par la peste. Sur l'autre partie du vase, deux jeunes gens, nommés depuis *Coronœ*, Couronnes, naissaient des cendres de ces belles et généreuses victimes. *Voy*. Lactance, *p.* 278. Antoninus liberalis, *fab.* 25, fait sortir de leur bûcher deux astres qui, s'élèvant vers les cieux, y devinrent des comètes. | ?

ALEVAS, st. Pli. *l.* 34, *c.* 19, 26, dit qu'il fit des statues de philosophes. | ?

alexandre d'Athènes, pe. *Pitture d'Ercolano t.* 1, *pl.* 1. | I

ALEXANDRE, ar. Grut. *ins.*, *p.* 623, 2. Il se nommait C. LICINIUS, du nom de M. Licinius, dont il était affranchi. | ?

alexandre, grf. ΑΛΕΞΑΝΔ Ε (ἐποίει, faisait). On trouve son nom sur une belle pierre, où est gravé un Amour qui dompte un lion, et sur une pierre de la collection des Médicis, qui porte une tête. Brac. n.° 9. Welc. *Kstbl.* 18 *oct.* 1827. *Voyez* AULUS. ?

ALEXANDRIA, fille de Néalcès, pe. Il me semble que Sillig a fait ici un double emploi en donnant à Néalcès deux filles peintres, Alexandria et Alexandra. Il cite Clément d'Alexandrie, *strom.* 4, *p.* 381 ; mais dans l'édition de Jean Potter, *Oxford*, 1715, *p.* 620, et dans celle de Sylburge, *p.* 224, 26, je ne trouve qu'ANAXANDRA, que Clément met au nombre des femmes peintres, d'après les symposiaques de Didymus. III d

ALEXANOR, ar. des temps mythologiques. Pau. *Cor.* 11, 6. Il était fils de Machaon, fils d'Esculape, et bâtit à Titane, dans le pays de Sicyone, un temple à Esculape.

ALEXANDRE, fils de Persée, dernier roi de Macédoine, étant en captivité à Rome, y travailla en bronze. Plut. *Paul Emile*, 37. Sillig.

ALEXIS, st., élève de Polyclète. Pli. *l.* 34, *c.* 19, *init.* IV a

ALEXIS, père de Canthare. Pau. *Eli.* 2, *c.* 3, 3. Thiers. *ep.* 111. *adnot. p.* 80. Il se pourrait bien que cet Alexis n'eût pas été artiste. Sillig. IV b ?

ALFENIUS, ar. Doni. *inscri.*, *p.* 317, n.° 8. Brac. Welc. *Kstbl.* 18 *oct.* 1827.

ALIPIUS, ar. IV *

ALLION, grf. ΑΛΛΙΩΝΟC et ΑΛΛΙΟΝ. Tête d'Apollon. Brac. *pl.* 10. Taureau, *id. pl.* 11. Vénus marine, *pl.* 12. Une Muse, *pl.* 13 ; de la collection Strozzi, elle a passé dans celle de M. le duc de Blacas. ?

almetus, grf. Brac. ???

ALOISIUS, ar. Cassiodore. V *

alpheus et arethon, grf. ΑΛ+ΗΟΣ ΣΥΝ ΑΡΕΘΩΝΙ. Germanicus et Agrippine. Brac. *pl.* 14. Caligula Jeune, *idem. pl.* 15. D'Alpheus seul, un roi barbare dans un bige, entre deux victoires, dont une le couronne. *Id. pl.* 16. I *

alsimus, pe. On trouve son nom sur un beau vase italo-grec du Vatican. Winckel. *mon. inéd. pl.* 143. L'inscription porte ΑΛΣΙΜΟΣ ΕΓΡΑΨΕ, et non ΛΑΣΙΜΟΣ, comme l'écrit Millin. *Peintures de vases anc.*, *t.* 1, *p.* 60 ; *t.* 2, *p.* 37. ?

ALYPUS de Sicyone, st. Pau. *Eli.* 2, *c.* 1, 2 ; *c.* 8, 3. *Phoc. c.* 9, 4. V d amaranthus, grf. Brac. ???

AMIANTHUS, ar. Brac. Reines. *cl.* x, 3, *p.* 597. ?

AMIANTUS, cis. Grut. *p.* 583, 5. I

ammonias et phidias, st., ont sculpté un singe de basalte qui est au Capitole. Il faut bien se garder de confondre ce Phidias avec l'auteur du Jupiter olympien et de la Minerve de la citadelle d'Athènes. Les noms de Phidias et de Praxitèle sont aussi gravés sur les belles statues colossales de Monte Cavallo, ce qui peut indiquer qu'on voulait les faire passer pour des copies d'après ces grands maîtres. Winckel. *mon. inéd. t.* 1, *p.* 97. ?

ammonius, grf. ΑΜΜΩΝΙΟΥ. Un Faune. Raspe. *pl.* 39, n.° 4510. Bas-Empire. ?

AMPHICRATES, st. Pli. *l.* 34, *c.* 19, 12. On avait à tort changé ce nom en ceux d'IPHICRATES et de TISICRATES. Sillig. V a

amphiloque, fils de Lagus, ar. Son nom, avec de grands éloges exprimés dans deux hexamètres, s'est trouvé, à Rhodes, sur la base d'une colonne; sa réputation allait du Nil à l'extrémité des Indes. *Clarke's travels, t.* 1, *P.* 1, *p.* 228 du journal allem. *die quart ausgabe*, Welc. *Kstbl.* 18 oct. 1827. ?

AMPHION, pe. Pli. *l.* 35, *c.* 36, 10. IVc

AMPHION de Cnosse, fils d'Acestor, st. Pau. *Eli.* 2, *c.* 3, 2. *Phoc. c.* 15, 4. Elève de Ptolichus, et maître de Pison de Calaurie. V c

AMPHISTRATE, sc. Pli. *l.* 36, *c.* 4, 10. IVd

AMPHOTERUS, grf. ΑΜΦΟ. Tête de jeune homme, ceinte d'une bandelette. Brac. *pl.* 17. Bas-Empire. ?

AMULIUS, pe. de genre, d'après une mauvaise leçon de Pline, au lieu de FABULLUS. *Voy.* Sillig, *catalog.* au mot FABULLUS. ?A

AMYCLÆUS, st. Pau. *Phoc. c.* 13, 4. Travailla avec Chionis et Diyllus. V a

ANAXAGORE d'Egine, st. Hérod. ix, 81. Pau. *Eli.* 1, *c.* 23, 2; *Eli.* 2, *c.* 10, 2. Dio. Lae. 11, 3, 15. Brunck. *anal. t.* 1, *p.* 117, n.° 6. Muller. *Ægin.*, *p.* 104. Sillig. Vb

ANAXAGORE, ar. Vitr. vii, *præf.* Il écrivit sur l'architecture théâtrale. Muller, *Æg.* Sillig. ?

ANAXANDRA, fille de Néalcès, pe. CLEM. AL. *strom*. IV, p. 620 *Voy*. ALEXANDRIA. | III d

ANAXANDRE, pe. PLI. *l*. 35, *c*. 40, 42. Il ne fait que le citer en passant. | ?

ANDREAS d'Argos, st. PAU. *Eli*. 2, *c*. 16, 5. Il y avait de lui à Olympie la statue de Lysippe éléen, vainqueur à la lutte parmi les enfans. | ?

ANDROBIUS, pe. PLI. *l*. 35, *c*. 40, 32. Il peignit Scyllis, célèbre plongeur, qui coupa les câbles des ancres de la flotte des Perses. | ?

ANDROBULE, st. PLINE, *l*. 34, *c*. 19, 26, dit qu'il fit des statues de philosophes. | ?

ANDROCYDE de Cyzique, pe. pla. PLI. *l*. 35, *c*. 36, 3. PLUT. *Pelop*. 25, SILLIG. | IVa

ANDRON, st. TATIEN, *p*. 119. Il représenta les amours de Mars et de Vénus. SILLIG. | ?

ANDRONICUS Cyrrhestès, ou de Cyrrhus en Macédoine ar. VITR. 1, 6, 4. Il fit à Athènes une tour octogone en marbre, nommée Tour des vents; ils y sont représentés en bas-relief avec leurs noms. Sur le faîte un triton en bronze tenait une baguette, et, en tournant, indiquait la direction du vent; ce monument existait encore en....... | ?

ANDROSTHÈNES d'Athènes, élève d'Eucadmus, st. PAU. *Phoc*., *c*. 19, 3. | V d

ANGÉLION, st. élève de Dipœne et de Scyllis avec TECTÉE. PAU. *Cor*., *c*. 14, 1; *c*. 32, 4. *Phoc*., *c*. 35, 1. SILLIG. | VI c

ANTÉNOR, st. PAU. *Atti*., *c*. 8, 5. | V a

ANTEROS, grf. ΑΝΤΕΡΩΤΟC et ANT. Hercule portant un bœuf. STOS. 10; BRAC., *pl*. 19. Tête d'Antinoüs; BRAC., *pl*. 20. On ne voit que les trois premières lettres du nom du graveur, ainsi il n'est pas certain que ce soit Anteros. | II*

ANTHÉE, st. PLI. *l*. 34, *c*. 19, *init*. | II c

ANTHÉMIUS, ar. mé. TZETZ. | VI*

ANTHERMUS ou plutôt ARCHENEUS, gr. fon. père d'A-THÉNIS. PLI. *l*. 36, *c*. 4, 2. SILLIG. | VI b

ANTIDOTE, pe. Elève d'Euphranor. PLI. *l*. 35, *c*. 40, 27. | IV c

ANTIGNOTE, st. PLI. *l*. 34, 19, *c*. 26. Il fit des lutteurs, la statue connue sous le nom de *Perixyomenos*, et Harmodius et Aristogiton. Sillig a rétabli le nom de ce statuaire, qui jusqu'à lui avait été lu Antigone. ?

ANTIGONE, st. Pline, *l.* 34, *c.* 19, 27, 24, dit qu'il écrivit sur son art; et livre 1.ᵉʳ, dans le sommaire du liv. 33, à l'article des écrivains, on lit qu'Antigone traita de la toreutique, qui du reste était une branche de la statuaire; *l.* 35, *c.* 36, 5, on trouve un Antigone qui écrivit sur la peinture, et qu'on peut croire avoir été peintre. Pline dans les sommaires des chapitres de son ouvrage, cite un grand nombre d'auteurs qui ont écrit sur les arts, mais il n'y en a que sept dont il spécifie les traités. — Antigone, Duris, Menæchme, Xénocrate, écrivirent sur la toreutique, *l.* 1, *sommaire du l.* 33. Fabius Vestalis sur la peinture, *l.* 1, *som. des l.* 35, 36. Héliodore sur les offrandes consacrées par les Athéniens, *l.* 1, *som. du l.* 34, et Métrodore sur l'architecture, *l.* 1, *som. du l.* 35. III c

ANTIGONE, pe. Pli. *l.* 35, *c.* 36, 5. ?

Antigone, st. Son nom a été trouvé sur la base d'une statue élevée au Roi Cotys, fils de Rhescuporis. Boeckh, C. *inscr.* v. 1, p. 430, n.º 359. Welck. *Kstbl.* 15 oct. 1827. I*

ANTIMACHIDES, ar. avec ANTISTATE, CALLESCHROS et PORINOS. Vitr. vii. *Præf.* §. 15. VI c

ANTIMAQUE, st. Pli. *l.* 34, *c.* 19, 26. Il fit de très-belles statues de femmes, probablement en bronze. ?

Antiochus d'Athènes, st. auteur d'une statue de Minerve de la villa Ludovisi à Rome. Son nom est gravé sur la base; les deux premières lettres manquent. Winckel. *t.* vi, *p.* 1; *p.* 279. ?

Antiochus, grf. ANTIOXOY. Tête de Minerve armée. Winckel. *pierres de Stosch*, *p.* 61. Brac. *pl.* 21. Une tête de femme du temps d'Hadrien (Brac. *pl.* 22. Winckel, *p.* 6; *note* 1300), est accompagnée du nom d'Antiochis ANTIOXIC au nominatif; ainsi, ce doit être le nom de la femme qu'elle représente, ou à qui elle a appartenu, plutôt que celui du graveur. Les Grecs mettaient ordinairement le nom du graveur, les Romains, celui du propriétaire; plusieurs noms romains sont écrits en caractères grecs; les noms sont en général au génitif, comme on le voit aussi sur les monumens sépulcraux; les mots *monument de, ouvrage de*, etc. étaient sous-entendus. Le mot ΕΠΟΙΕΙ ou simplement ΕΠ *ep* pour *epoiei*, qui suivent quelquefois le nom du graveur au nominatif, signifient *faciebat*, *faisait*; il indiquait par là qu'il ne regardait pas son ouvrage comme terminé, et qu'il ne renonçait pas à le revoir. Il était très-rare que les artistes Grecs missent ΕΠΟΙΗΣΕ, *epoihésé, fecit, il a fait*, sur leurs ouvrages, ce qui eût eu l'air d'annoncer qu'ils le croyaient achevé. *Voy.* Pli. *l.* 1, *præf. fin.* | ?

ANTIPATER, cis. Pline, *l.* 33, *c.* 55, ne cite pas d'ouvrages de ce ciseleur, l'un des plus habiles de l'antiquité, et que l'on comparait à Calamis et à Stratonicus. | ?

ANTIPHANE d'Argos, st. Pau. *Eli.* 1, 17, 1, *c.* 21, 2. *Eli.* 2, *c.* 1, 2. *Phoc.*, *c.* 9, 3, 4. | IV a

ANTIPHILE Egyptien, élève de Ctésidème, pe. de genre. Pli. *l.* 35, *c.* 40, 32; *c.* 37. Quinctil. xii, 10. Théon. *Progym.* 1. Varron. r. r. ii, 2. | IVcd

ANTIPHILE, ar. Pau. *Eli.* 2, 19, 4. Il fit avec Mégaclès et Pothæus pour les Carthaginois, un trésor à Olympie. | ?A

ANTISTATE, ar. *Voy.* ANTIMACHIDES, ar. Vitr. vii. *Præf.* §. 15. | VI c

ANTIUS, ar. Brac. Mur. *nov. thes. inscr.* 1, p. 86, 7. Sur un monument consacré aux nymphes, on lisait : *Lucius Antius, fils de Lucius de la tribu palatine*. Sillig. | ?

ANTORIDES, pe. Pli. *l.* 35, *c.* 30. | IVcd

APATURIUS d'Alabanda, pe. Scén. Vitr. viii. 5, 4. | ?

APELLAS, st. Pli. *l.* 34, *c.* 19. Pau. *Eli.* 2, *c.* 1, 2. Sillig. | Vcd

APELLES de Colophon ou de Cos, et selon d'autres d'Ephèse, fils de Pythias, et élève d'Ephore d'Ephèse, de Pamphile d'Amphipolis, de Melanthius, et d'un Arcésilas; pe. Ælien. V. H. 11, 2, 3, xii, 34, 41. H. *ani.* iv, 50. Anthol. pal. append. *t.* 11, p. 679. Appul. *flor.* p. 287. — Arrien. *anab.* 1, 16, 7. — Athén. x, p. 420. D. xiii, 588, 590. — Auson. *epigr.* 104. — Bœttiger. *arch. pict.* 1, p. 153, 171. — Cicer. *or.* 22, §. 73. *fam.* 1, 9, v, 12, §. 13. *off.* iii, 2. *Brut.* 18, §. 70. — Clem. Al. *pædag.* ii, 12. — Dati. *vit. de pitt.* p. 33. — Hesych. s. v. Μεγαβύζου λόγοι. — Horat. *ep.* ii, 1, 239. — Jacobs, *Wieland. mus. att. t.* iii, p. 56, 177. — Ilgen, *opusc.* 1, p. 34. — Luci. *t.* iii, p. 127. ed. R. *imagg.* 14, *t.* ii, p. 465, 492. — Mart. xi, 9. — Meyer, *Winckelm. H. art. t.* 1, p. 176, 181.— Ovide. A. A. iii, 401. *Pont.* iv, 1, 29. — Paus. *Bœot.* *c.* 35, 2. — Perizon. *ad Æli.* V. H. ii, 2. — Petron. 84,

p. 410.— Pli. *l.* 1, *præf. fin. l.* 35, *c.* 36, 10, 19; *l.* 37, *c.* 40, *init.* — Plut. *Arat.* 12, 13. *Demetr.* 22, *de discrim. adul.*, etc., *p.* 58. D. *de tranquill. anim. p.* 471. F. *ed.* FR. *fort. Alex.* 11, 5, 3. *Alex.* 4, 15. *Is et Os.* 22, *de educan. lib.* 9, *t.* vii, *p.* 25, *ed. Hutt.* — Propert. iii, 7, 11. — Quatremère de Quincy. *rec de dissert.*, etc. 1817, *p.* 388. — Quintil. 11, 13, x, 4, xii, 10. — Stat. *silv.* 1, 100. — Solin, 27.— Stob. *serm.* 251, *p.* 833, 22, *ed. Gesn. Francof.* 1581.— Strab. xiv, *p.* 642, 657. — Suidas. — Toelcken. *amalt.* iii, *p.* 123. — Val. Max. vii, 12; viii, 11. — Voss (J. H.), *lett. sur la Mythol.* 11, 230. — Welc. *Philostr. imagg. p.* 211, 290.— Wyttenbach, *ad Plut. opp. mor. p.* 58. — Et le bel article de Sillig, *cat. artif.*   IV cd

APELLES, ar. Xiphilin 69, *p.* 115.

apelles, grf. ΑΠΕΛΛΟΥ que Bracci, *pl.* 27, suivant Visconti, lit à tort ΑΠΣΑΛΟΥ. On a de lui un masque scénique.   ?

APELLES, cis. Athén. xi, *p.* 488.   II*

APHRODISIUS, sc. Pli. *l.* 36, *c.* 4, 11.   I

APHRODISIUS, nommé aussi Epaphras, fils de Demetrius, sc. Reines. *inscr.* ix, 51. Welc. *Kstbl.* 15 oct. 1827.   ?

APOLLODORE, pe. Pli. *l.* 35, *c.* 36, 1, 2.   V d

APOLLODORE, st. pla. Pli. *l.* 34, *c.* 19, 21, 26.   IV d

APOLLODORE, ar. Xiphil. lxix, *p.* 1152.   I*

apollodote, grf. ΑΠΟΛΛΟΔΟΤΟΥ ΛΙΘΟ. Minerve; Brac. *pl.* 23. Othryas mourant; *id. pl.* 24. Le mot ΛΙΘΟ, *litho*, est le commencement de celui de ΛΙΘΟΓΛΥΦΟΣ ou ΛΙΘΟΓΛΥΠΤΗΣ, *Lithoglyphos, Lithoglyptès*, graveur sur pierres fines.   ?

apollonide, cis. grf. Pli. *l.* 37, *c.* 4.   IV d

apollonius de Tralles en Lydie, frère de TAURISCUS, st. Pli. *l.* 36, *c.* 4, 10.   I*

apollonius, grf. ΑΠΟΛΛΩΝΙΟΥ. Diane. Stosch. 12. Brac. *pl.* 26.   ?

apollonius d'athènes, fils de Nestor, st. auteur du célèbre Torse d'Hercule en repos, connu sous le nom de Torse du Belvédère ou de Michel-Ange; l'inscription porte ΑΠΟΛΛΩΝΙΟΣ ΝΕΣΤΟΡΟΣ ΑΘΗΝΑΙΟΣ ΕΠΟΙΕΙ. Winckelm. *Hist. de l'art.* Ce nom se trouve aussi dans l'inscription d'un beau faune, statue de la collection du comte d'Egremont à Petworth dans le Sussex; mais elle est en partie effacée, et l'on ne peut savoir si cet Apollonius était fils de Nestor ou de quelqu'autre. ΑΠΟΛΛΩΝΙΟΣ ΕΠΟΙΕΙ. Odof. Mull. *Amalth.* v. 3, *p.* 252. Sillig. | ?

APOLLONIUS, fils d'Archias d'Athènes, st. ΑΠΟΛΛΩΝΙΟΣ ΑΡΧΙΟΥ ΑΘΗΝΑΙΟΣ ΕΠΩΗΣΕ. On a de lui une belle tête d'Auguste en bronze, trouvée à Herculanum. | I d a

APOLLONIUS, fils de Xamus, st. Dans un catalogue des bronzes du musée de Naples, imprimé en 1820; je trouve un Apollonius d'Athènes, fils de Xamus, et comme le fils d'Archias, auteur d'un hermès d'Auguste en bronze. | I d a

APOLLONIUS de Perge, méc. Vitr. | ?

APPIUS ALCÊ, grf. Brac. ???

APSCOPÊ, grf. Brac. ???

APULEIUS, ar. Gruter., *p.* 41, 5. Il bâtit un temple consacré à Diane et à la mère des Dieux, Cybèle. | ?

AQUILAS, grf. ΑΚΥΙΛΑΣ. Vénus au bain, Raspe, n.° 6225. Ce serait un graveur Romain; mais il se pourrait bien, ainsi que le fait observer Sillig, que ce nom fût celui du propriétaire de la pierre. | ?

ARCÉSILAS, *voy.* ARCHÉSITAS.

ARCÉSILAÜS, fils d'Aristodicus, st. Dio. Lae. iv. §. 45. | V a

ARCÉSILAÜS de Paros, pe. enc. Pli. *l.* 35, *c.* 39. | V c

ARCÉSILAÜS, fils de Tisicrate, pe. Pli. *l.* 34, *c.* 19, 42. | III b

ARCÉSILAÜS, sc. st. Pli. *l.* 35, *c.* 45; *l.* 36, *c.* 4, 13. | I b

ARCHÉNEUS, au lieu d'ANTHERMUS, grf. fon., père d'Athénis. Pli. *l.* 36, *c.* 4, 2. | VI b

ARCHÉLAÜS de Priène, fils d'Apollonius, auteur du bas-relief connu sous le nom d'Apothéose d'Homère. Winckel. opp., *t.* 6, *p.* 1, *p.* 70. Sillig. | ?

ARCHÉSITAS, sc. Pli. *l.* 36, *c.* 4, 10. Parmi les chefs-d'œuvres qu'avait réunis Asinius Pollion, Pline cite d'Archésitas des centaures qui portent des nymphes; elles étaient en marbre; il se pourrait que les jolies peintures d'Herculanum qui offrent les mêmes sujets, eussent été imitées des ouvrages d'Archésitas. Sillig au reste avec Hardouin, croit que dans Pline, il faut lire Arcésilas, au lieu d'Archésitas. | ?

ARCHIAS, ar. Athén. *l.* 5, *p.* 206. | III c d

ARCHIPHRON ou CHERSIPHRON.

ARDICÈS de Corinthe, pe. Pli. l. 35, c. 5. — IX?

ARÉGON, pe. Strab., l. viii, p. 345. — IX?

ARELLIUS, pe. Pli. l. 35, c. 37. — I b

ARÉTHON, voy. ALPHEUS, grf. — I*

ARGÉLIUS, ar. Vitr. vii. Præf. 12. Il écrivit sur l'ordonnance corinthienne, et sur un temple ionique d'Esculape qu'il avait élevé à Tralles. Sillig. — ?

ARGIUS, st. élève de Polyclète. Pli. l. 34, c. 19, init. Il est à croire, avec MM. Thiersch et Sillig, que d'Asopodore argien, *Asopodorum argium*, on a fait un Asopodore et un ARGIUS, et qu'on ne doit pas admettre ce prétendu statuaire.

ARGUS, st. des temps mythologiques. Clem. Al. protr., p. 30. Selon Démétrius, dans le second livre de ses argoliques, il fit à Tyrinthe, une statue de Junon en bois. Sillig. — ? aa

ARIMNA, pe. Varro. l. viii, p. 129. — V?

ARISTANDRE de Paros, st. Pau. lac. c. 18, 5. — IV a

ARISTARETE, fille et élève de Néarque, elle peignit un Esculape. Pli. l. 35, c. 11, 40. — ?

aristéas et pappias, st. d'Aphrosidium, auteurs des centaures en marbre noir du Capitole, trouvés à la villa Adrienne en 1746, et dont celui du musée Royal, n.° 134, paraît être une répétition. Winckel. l. vi. P. 1, p. 300. — II*

ARISTIDE, st. élève de Polyclète. Pli. l. 34, c. 19, init. 12, l. 35, c. 32. — V c

ARISTIDE de Thèbes, fils d'Aristodème, frère et élève de Nicomaque et d'Euxénidas, pe. Pli. l. 35, c. 36, 22. — IV b c

ARISTIDE, pe. élève du précédent. *Pli. l.* 35, c. 36, 19. — IV c

ARISTIDE d'Argos, méc. Pau. — ?

ARISTOBULE de Syros, pe. Pli. l. 35, c. 11, 40. — ?

ARISTOCLÈS de Cydonie, st. Pau. *Eli.* 1, c. 25, 6. — VI b

ARISTOCLÈS de Sicyone, fils de Cléœtas, et petit-fils du précédent, et père de Canachus, st. Pau. *Eli.* 2, c. 20, 7. — VI d a

ARISTOCLÈS, fils et élève de Nicomaque, pe. Pli. l. 35, c. 36, 12. — IV d

ARISTOCLÈS, st. B. c. inscr. n.° 23. — ?

ARISTOCLÈS, st. Dans une inscription de Bœckh, v. 1, n.° 150, il est dit qu'un Aristoclès rétablit, la 3.ᵉ année de la 95.ᵉ olymp., la base d'une statue de Minerve vierge, faite par Phidias. — IV a

ARISTOCLIDÈS, pe. Pli. *l.* 35, *c.* 40, 32. Il dit qu'il orna de peintures un temple d'Apollon, et qu'il avait du talent. — ?

ARISTODÈME, père et maître de Nicomaque, pe. Pli. *l.* 35, *c.* 36, 22. — IVab

ARISTODÈME, st. Pli. *l.* 34, *c.* 19, 26. — IV d

ARISTODÈME, pe. Philostr. *proœm. icon. p.* 4.

ARISTODOTE, st. Tat. *adv. græc.* 52, *p.* 14. Il fit la statue de la courtisane Mystis. — ?

ARISTODICUS, st. Brunck. *anal.* v. 2, *p.* 488. — ?

ARISTOGITON et HYPATODORE de Thèbes, st. Pau. *Phoc. c.* 10, 2. Sillig. — IV a b

ARISTOLAÜS, fils et élève de Pausias, pe. Pli. *l.* 35, *c.* 40, 31. — III a

ARISTOMAQUE de Strymon en Macédoine, st. fit le premier des statues de courtisanes. *Anthol. pal.* vi, 268. Sillig. — ?

ARISTOMÈDE et SOCRATE de Thèbes, st. Pau. *Bœot. c.* 25, 3. — V b

ARISTOMÉDON d'Argos, st. Pau. *Phoc. c.* 1, 4. — V a b

ARISTOMÈNES de Thasos, pe. Vitr. iii, *proœm.* §. 2. — ?

ARISTON, fils d'Aristide et frère de Nicéros, pe. Pli. *l.* 35, *c.* 36, 23. — IVb

ARISTON de Mitylène, cis. en argent. Pli. *l.* 33, *c.* 55, *l.* 34, *c.* 19, 25. Il n'indique ni son époque ni ses ouvrages, et dit seulement qu'il travaillait en bronze, et souvent en argent. — ?

ARISTON de Sparte, frère de Télestas, avec lequel il fit un Jupiter colossal, que les habitans de Clitore consacrèrent à Delphes. Pau. *Eliac.* 1, *c.* 13, 6. — ?

ARISTONIDAS, père de Mnasitime, pe. Pli. *l.* 35, *c.* 11, 40. — ?

ARISTONIDAS, st. On citait de lui, à Thèbes, du temps de Pline, *l.* 34, *c.* 40, une statue d'Athamas, se repentant d'avoir, dans sa fureur, tué son fils Léarque. On dit que, pour rendre la rougeur dont la honte couvrait le visage d'Athamas, le statuaire avait mêlé du fer au bronze pour que la rouille du fer fît prendre au bronze une teinte de rouge; ce qui n'est guère croyable. Voy. *Musée de sculpture antiq. et mod.* vol. 1, p. 131. ? A

ARISTONUS d'Egine, st. Pau. *Eli.* 1, c. 22, 4. Les Métapontins avaient consacré de lui, à Olympie, une statue de Jupiter, couronné de fleurs printanières, et qui d'une main tenait un aigle, et de l'autre son sceptre. ?

ARISTOPHON de Thasos, fils d'Aglaophon, et frère de Polygnote, pe. Pli. 35, c. 40, 32. Vc

ARTAS de Sidon, ΑΡΤΑΣΣΙΔ. Son nom sur l'anse d'un vase de verre. Panofka. *mus. Bartoldi*, p. 157. Welck. *Kstbl.* 18 oct. 1827.

ARTÉMA (M. Valérius), ar. Gud. *ins.*, p. 224, n.° 9. ?

ARTÉMIDORE, pe. Mart. V, 40. I*

ARTÉMON, pe. Pli. *l.* 34, c. 40, 32. Il peignit une Danaé qu'admiraient des pirates; Hercule et Déjanire; une des reines nommées Stratonice; de belles peintures qui étaient dans les portiques d'Octavie; l'apothéose d'Hercule sur le mont OEta; des traits des aventures de Laomédon avec Neptune et Hercule. ?

ARTÉMON et PYTHODORE, st. Pli. *l.* 36, c. 4, 11. I*

ASCARUS, st. Pau. *Eli.* 1, 5, 1. Vd

ASCLÉPIODORE, pe. Pli. *l.* 35, c. 10, 36. IV c d

ASCLÉPIODORE, st. Pli. *l.* 34, c. 19, 36; il dit qu'il fit des statues de philosophes. ?

ASOPODORE d'Argos, st. Pli. *l.* 34, c. 19, 26. Vd

Aspasius, grf. ΑΣΠΑΣΙΟΥ. Tête de Minerve, Stos. 13; Eckhel. *Choix de pierres gravées*, pl. 18; de Jupiter, Brac. pl. 30. ?

Assalectus, sc. Auteur d'un médiocre Esculape du palais Verospi, selon Winckelmann, *H. A. t.* 5, p. 289. I*?

ASSTÉAS, ΑΣΣΤΕΑΣ ΕΓΡΑΨΕ. Ce nom se trouve sur trois vases peints, et toujours avec deux Σ. Millingen, *unedited monuments*, part. 1, p. 69, pl. 27. Bœckh. *corp. t.* 1, p. 42. ?

ASTÉRION, st. Pau. *Eli.* 2, c. 3, 1. Auteur de la statue de Chæréas pugile de Sicyone. Cet Astérion était fils d'un Eschyle, qui n'était pas le poète tragique. ?

ASTRAGALUS, st. Son nom a été conservé dans une inscription donnée par Bœckh. v. 1, p. 42, et citée par Welc. Kstbl. 13 oct. 1827. Ce nom est écrit ΑΣΣΤΡΑΓΑΛΟΣ. | ?

ATHANASIUS, grf. Brac. ???.

ATHÉNÉE, st. Pli. *l.* 34, *c.* 19, *init.* Il parait que l'on doit supprimer cet artiste, dont le nom n'est dû qu'à une fausse leçon de Pline. *Voyez* Sillig, *catalog.* art. Polyclès et *l'Amalthæa*, v. 3, p. 293.

ATHÉNION de Maronée, pe. Pli. *l.* 35, *c.* 11, 40. | IV d

ATHÉNION, grf. ΑΘΗΝΙΩΝ. Jupiter foudroyant les Titans, camée. Brac. *pl.* 30. Il est à présumer que les graveurs en pierres fines gravaient aussi des médailles; souvent elles ne le cèdent en rien aux plus belles pierres gravées, et Heyne, *antiq. aufsœtze.* 1, 23, fait observer qu'une médaille de la collection Albani, *t.* 1, *pl.* 10, offre la plus grande ressemblance avec le camée d'Athénion. Welck. *Kstbl.* 18 oct. 1827. | ?

ATHÉNIS, nommé aussi ANTHERMUS, fils d'Archeneus, st. fo. *Voy.* ce dernier nom.

ATHÉNOCLÈS, cis. Athén., *Casaub. l.* xi, *c.* 4, *t.* 2, *p.* 493. | ?

ATHÉNODORE de Clitore, st. Pli. *l.* 34, *c.* 19. Pau. *Phoc. c.* 9, 4. | I a

ATHÉNODORE, st. Pli. *l.* 36, *c.* 5, 4. Collaborateur d'Agésandre et de Polydore dans le Laocoon; on a trouvé son nom sur la base d'une autre statue. Winckelm. *mon. in.*, *t.* 1, *p.* 79. | I*

ATTALUS ou TALUS, prétendu neveu de l'ancien Dédale, st. ?? | ? ΑΑΑ

ATTALUS, st. Pau. *Bœot. c.* 19, 3. Il fit une statue d'Apollon lycien. | ?

ATTICIANUS ou ATTILLIANUS d'Aphrodisium, auteur d'une statue de Muse de la galerie de Florence. Gori. *mus. flor. t.* 3, *pl.* 22 et 82. Brac. *t.* 2, *p.* 263. | ?

ATTICUS, fils d'Eudoxus de Sphette, st. Bœckh, *corp. t.* 1, n.° 399, pense que cet Atticus ne fit que consacrer, après le règne de Commode, la statue de Prosdectus, chef de la famille des Ceryx ou Hérauts sacrés d'Eleusis; mais Welcker, *Kstbl.* 15 oct. 1827, croit que ce fut lui qui la fit d'après l'inscription, qui porte ΑΤΤΙΚΟΣ ΕΥΔΟΞΟΥ ΣΦΗΤΤΙΟΣ ΕΠΟΙΗΣΕ. | ?

AULANIUS EVANDER d'Athènes, st. Pli. *l*. 36, *c*. 5, 4. | I

AULUS, cis. ou grf. ΑΥΛΟΥ. Cavalier grec. Stos. *pl*. 5; Brac. *pl*. 38. Quadrige. Stos. 16; Brac. *pl*. 87. Tête de Diane. Stos. 17; Brac. *pl*. 41; d'Esculape. Stos. 18; Brac. *pl*. 34, elle est de la collection Strozzi; tête de Ptolémée Philopator. Stos. 19; ou d'Abdolonyme. Brac. *pl*. 40; à la bibliothèque royale. Vénus et l'Amour. Brac. *pl*. 31. L'Amour lié à un trophée. Brac. *pl*. 32. L'Amour enchaîné bêchant la terre, *id. pl*. 33. Le devant d'un cheval, *id. pl*. 39. Tête de Faune, *id. pl*. 36; d'Hercule jeune, *id. pl*. 35. Tête inconnue, *id. pl*. 42. Tête de Laocoon, bibl. roy. Raspe et Bracci croient qu'il y a eu plusieurs graveurs du nom d'AULUS, et M. Visconti pense que son nom a été mis sur des copies d'après lui. | I

AULUS ALEXA... grf. ou AULUS, fils d'ALEXANDRE, ΑΥΛΟΣ ΑΛΕΞΑΕΠ, et frère de QUINTUS. Il paraît qu'ils étaient fils d'un Alexandre, qui était aussi graveur en pierres fines; pâte de verre dans la collection Barberini. *Voy*. ALEXANDRE, grf. Brac. *t*. 1, *p*. 40. Osann. *ins*., *t*. 1, *p*. 198. | ?

AULUS PANTULEIUS, fils de Caius Pantuleius d'Ephèse, st. Boeckh, *corp*. v. 1, n.° 339. Welc. *Kstbl*. 15 oct. 1827. | II*

AUTOBULUS, pe. Elève d'Olympiade. Pli. *l*. 35, *c*. 11, 40. | ?

AXEOCHUS, grf. ΑΞΕΟΧΟΣ ΕΠ. Faune jouant de la lyre. Brac. *pl*. 43. Stos. 20. | ?

BATHYCLÈS de Magnésie, st. Pau. *Lac. c*. 18, 6. Sillig. | VI c d

BATRACHUS, sc. ar. Pli. *l*. 36, *c*. 5, 4. | I

BATTON, st. Pline, *l*. 34, *c*. 19, 34, dit qu'il fit, en bronze, des guerriers, des athlètes, des chasseurs et des sacrificateurs. Il y avait aussi de lui à Rome, dans le temple de la Concorde, un Apollon et une Junon. | ?

BÉDAS, st. Pli. *l*. 34, *c*. 19, 34. | IV d a

BÉDAS de Byzance, st. Vitr. *l*. 3, *præf*. §. 2. Sillig. | ?

BÉSÉLÉEL, sc. hébreu. | XVI

BION de Milet, sc. Dio. La. iv, 58. | ?

BION de Chio, sc. Dio. La. iv, 58. | ?

BISITALUS, grf. Brac. *t*. 1, *p*. 232. Sillig. | ?

BOETHUS, sc. cis. Pli. *l*. 33, 12, 55; *l*. 34, 8, 19. Paus. *Eli*. 1, *c*. 17, 1. D'après des passages mal compris de deux épigrammes grecques, *append. anth. pal. t.* 2, *p.* 777, on avait donné le nom de SIOBŒTHUS à un autre sculpteur. SILLIG. | II ??

BOISCUS, sc. TATI. *adv. gr.* 52, *p.* 113. Il fit la statue de la courtisane Myrtis. Gesner croit que c'est le même que Boœthus. SILLIG. | ?

BRIETÈS, pe. PLI. *l.* 35, 11, 40. | IV b

BRYAXIS, st. PLI. *l.* 34, *c.* 18, *c.* 19, 13; *l.* 36, *c.* 4, 5, 9. PAU. *Att. c.* 40, 5. | IV c d

BULARQUE, pe. PLI. *l.* 35, 8, 34. | VIII b

BUPALUS de Chio, fils d'Archeneus, et frère d'Athénis, st. PLI. *l.* 34, *c.* 4, 2. PAU. *Arg. c.* 30, 4. SILLIG. | VI c d

BUPALUS, st. Il fit une Vénus nue et accroupie, dont la base portait pour inscription ΒΟΥΠΑΛΟΣ ΕΠΟΙΕΙ. Voy. *Mus. pi. clem.* v. 1, *pl.* 10. SILLIG. | ?

BYZES de Naxos, ar. PAU. *Eli.* 1, *c.* 10, 2. | VI b

CÆLON, statuaire qui, suivant Dallaway, *p.* 256, aurait coulé en bronze une statue équestre de Domitien, placée près d'un temple, qu'elle dépassait en hauteur. Dallaway cite Stace, *Sylv.* 1.ere, du *l.* 1. Voici les vers, et on verra que ce prétendu statuaire n'a dû le jour qu'à une grossière bévue de l'historien des arts en Angleterre, et que Stace se demande seulement si cette belle statue colossale est descendue du ciel, *cœlone peractum?* ou si elle est l'ouvrage des Cyclopes.

> Quæ super imposito moles geminata colosso
> Stat latium complexa forum? cœlone peractum
> Fluxit opus? siculis an conformata caminis
> Effigies, lassum Steropen Brontemque reliquit?

CALAMIS, st. cis. PLI. *l.* 33, *c.* 55; *l.* 34, *c.* 19, 11. PAU. *Att. c.* 23, 2; *Cor. c.* 10, 3; *Eli.* 1, *c.* 26, 5; *Bœot. c.* 20, 4, *c.* 22, 2. *Phoc. c.* 16, 2, *Eli.* 2, *c.* 12, 1. LUCI. *imagg.* 6, *t.* 11, *p.* 464. *dial. mer.* 3, *t.* III, *p.* 225. CICER. *Brut.* 18, §. 70. QUINTIL. XII, 10. DION. HALI. *Isocr. p.* 95. SPON *miscel. p.* 138. | V b

CALATÈS, CALACÈS ou CALADÈS, pe. de ge. PLI. *l.* 35, 10, 37. | IV d

CALLESCHROS, ar. VITR. VII, *præf.* §. 15. *Voy.* ANTIMACHIDES. | VI c

CALLIADÈS, st. Tati. c. 91, p. 120. Il fit la statue de la courtisane Neæra. — ?

CALLIADÈS, cis. en arg. Pli. l. 34, c. 19, 25. Il paraît que ce Calliadès est différent de celui de Tatien. — ?

CALLIADÈS, pe. Sillig pense que ce nom est de l'invention de Lucien, *dial. meret.* l. 3, p. 300, 8.ᵉ édit. *de Wetst*. — ?

CALLIAS, ar. méc. Vilr. x, 16, 5. — III a

CALLICLÈS de Mégare, fils de Théocosme, st. Pli. l. 34, c. 19, 27. Pau. *Eli.* 2, c. 7, 1. — IV a

CALLICLÈS, pe. Pli. l. 35, c. 37. — IV a

CALLICRATE de Lacédémone, sc. Pli. l. 7, 21; l. 36, c. 4, 15. Athén. t. 2, p. 493. Plut. *adv. stoic.* t. x, p. 495. Facii *excerp.* p. 217. Æli. v, h. 1, 17. — ?

CALLICRATE, ar. Plut. *Pericl.* 13. — V c

CALLICRATE, pe. Théoph. simoc. *epist.* 6. Jun. Sillig. — ?

CALLIDÈS, st. cis. peut être le même, selon Sillig, que Callias, Calliadès, et même que Gallidès, Callasès, que donnent plusieurs manuscrits. Au reste, on ne connaît pas l'époque de cet artiste, que Pline, l. 34, c. 19, 25, range, quelque nom que l'on adopte, parmi les artistes qui n'ont laissé aucun ouvrage remarquable. — ?

CALLIMAQUE, surnommé *Kakizotechnos*, ou plutôt, selon Welcker, *Kstbl.* 11 *oct.* 1827, *Katatexitechnos*, ou qui affaiblit son ouvrage par la minutie du travail, ar. st. pe. Vitr. iv, 1, §. 9, 10. Pli. l. 34, c. 19, 35. Pau. *Att.* c. 26, 7; *Bœot.* c. 2, 5. Dion. Hali. *Isocr.*, p. 95. — V da

callimaque, sc. Auteur d'un bas-relief du musée du Capitole, t. 4, *pl.* 42. — ?

CALLIPHON de Samos, pe. Pau. *Att.* c. 19, 1. — IV ?

CALLIPHON, pe. d'un vase grec. Millin, *peintures*, etc., t. 1, *pl.* 44. ΚΑΛΛΙΦΟΝ ΕΠΟΙΕΣΕΝ.

CALLISTONICUS de Thèbes, st. Pau. *Bœot.* c. 16, 1. — IV b

CALLISTRATE, st. Pli. l. 34, c. 19, *init.* Tati. *c. gr.* p. 183. — II c

CALLITELÈS, st. Pau. *Eli.* 1, c. 27, 5. — V d

CALLIXÈNE, st. Pli. l. 34, c. 19, *init.* — II c

CALLON d'Egine, st. Pli. l. 34, c. 19, *init.* Pau. *Cor.* c. 32, 4; *Lac.* c. 18, 5; *Arg.* c. 14, 2. *Voy.* Siebelis, Hirt.

amalth. v. 1, p. 260. Muller *Ægin.* p. 100. Thiers. *ep.* 11. *adnot.* p. 40. | VI c d

CALLON d'Elis, st. Pau. *Eli.* 1, c. 27, 5. | V c

CALUS, ar. Clem. Al. *protr.* p. 30, *Sylb.* Il fit à Athènes une des trois statues des Euménides. Sillig pense qu'on pourrait le placer à la fin du troisième siècle avant Jésus-Christ, du temps de l'historien Phylarque. | III d ?

CALYNTHUS, st. Pau. x. *Phoc.* c. 13, 5. | V c

CALYPSO, fem. pe. Pli. *l.* 35, c. 40, 28. Elle peignit un vieillard et un faiseur de tours, nommé Théodore. | ?

CANACHUS de Sicyone, fils de Cléœtas, et frère d'Aristoclès, st. Pli. *l.* 34, c. 19, *init.* 14; *l.* 36, c. 4, 14. Pau. *Eli.* 2, c. 9, 1; *Cor.* c. 10, 4; *Bœot.* c. 10, 2. Thiersch, *ep.* 11, *adnot.* 38, 44. Schorn *de stud. art. gr.* p. 199. Muller, *Kstbl.* 1821, n.° 16. B. C. *inscr. gr.* v. 1, p. 39. Meyer. H. *Winckelm.* t. 11, p. 74. Sillig. | VI d a

CANACHUS le jeune de Sicyone. Pli. *l.* 34, c. 19, *init.* Pau. *Eli.* 2, c. 13, 4. *Phoc.* c. 9, 4. | IV a

CANTHARE de Sicyone, fils d'Alexis, st. Pli. *l.* 34, c. 19, 25. Pau. *Att.* c. 1 et c. 17, 5; *Eli.* 2, c. 3, 3. | IV c

CARBILIUS ou **CARVILIUS**, pe. Bracci le met au rang des peintres, d'après un passage de la vie de Virgile, du prétendu Donat, qui dit que le peintre Carvilius avait écrit, contre Virgile, un ouvrage intitulé *Æneido-mastix*, ou *le fouet de l'Énéide.* Voy. Sillig, *catal. appendix.* | ?

CARMANIDES, pe. élève d'Euphranor. Pli. *l.* 35, c. 40, 42. | IV c

CARPION, ar. Vitr. vii, *præf.* §. 12. | V c

carpus, grf. ΚΑΡΠΟΥ. Bacchus et Ariane sur une lionne, *Stos* 22; *Brac.* pl. 46. Hercule et Iole, Raspe, n.° 6019; Brac. t. 1, p. 250. | ?

CASTORIUS, st. *Orlandi.* | III *

CELER, ar. | I *

CENCHRAMIS, st. Pli. *l.* 34, c. 19, 27, dit qu'il fit de très-bonnes statues de comédiens et d'athlètes. | ?

CEPHIS, st. Pline fait de ce statuaire le même éloge que de Cenchramis. | ?

CEPHISIAS, sc. Sillig. | ?

CEPHISODORE, pe. Pli. 35, c. 36. 1. | V d

CEPHISODORE, sc. Voy. ÆSCHRAMIUS.

CEPHISODOTE d'Athènes, st. Pli. l. 34, c. 19, Arc. Pau. 27, c. 30, 5. — IV b

CEPHISODOTE, fils de Praxitèle, frère de Timarque, st. pe. Pli. l. 34, c. 19, 27. — IV d a

CEPHISSODORE, sc. On a trouvé, à Athènes, son nom sur la base de la statue de P. Cornelius Scipion, que Welcker, Kstbl. 15 oct. 1827, pense pouvoir être celui qui fut consul en 737 de Rome, ou bien son père. B. c. inscr. n.° 364. — ?

CERDON. Voy. M. COSSUTIUS et L. VITRUVIUS.

CHÆRÉAS, st. Pli. l. 34, c. 19, 14. — IV c d

CHÆRÉAS, st. surnommé *Chrysotecton*, ouvrier en or, par Lucien *lexiph*. p. 334. — ?

CHÆRÉMON, grf. ΧΑΙΡΗΜΩΝ. Tête de faune. Winckelm. *descript*. 238. Bas-Empire. — ?

CHÆRÉPHANES, pe. Plut. *aud. poet.* p. 18. Il se plaisait à peindre des scènes lascives de courtisanes et de leurs amans. — ?

CHALCOSTHÈNES, st. Pli. l. 34, c. 19, 27, dit qu'il fit en bronze des statues de philosophes, de comédiens et d'athlètes; il dit aussi, c. 45, qu'il travaillait en terre, et que ce fut de son atelier que le Céramique d'Athènes prit son nom (κέραμος, terre, vase de terre), ce qui n'est guère probable. Voy. *mus. de sculpt. antiq. et mod.* v. 1, p. 27. 29; Sillig pense qu'il y eut peut-être un autre Chalcosthènes, qui ne s'occupa que d'ouvrages en terre. — ?

CHARÈS de Linde, nommé à tort LACHÈS, st. fo. Pli. l. 34, c. 18. — IV d

chariton, pe. d'un vase grec. Milling. *coll. Coghill.* pl. 11. — ?

CHARMADAS, pe. monochrome très-ancien. Pli. l. 35, c. 34. Appelé CHARMAS par Junius. — ? AA

CHARON, indiqué comme artiste, sans autre désignation, dans un fragment d'Archiloque. Welc. Kstbl. 15 oct. 1827.

CHARTAS, st. Pau. *Eli.* 2, c. 4, 2. — VI c d

CHERSIPHRON de Cnosse, ou CTÉSIPHON, ar. Pli. l. 7, c. 38; l. 36, c. 21. Vitr. vii, *præf.* §. 16. — VII ?

CHIMARUS, st. Brac. ? — I * ?

CHION. Vitr. *præf. l.* III, §. 2.	?
CHIONIS, st. Pau. *Eli.* 2, c. 13, 1; *Phoc.* c. 13, 4.	VI da
CHIRISOPHUS de Crète, st. très-ancien. Pau. *Arc.* c. 53, 3.	? ▲▲▲
CHIROCRATES. *Voy.* DINOCRATES.	
CHOERILUS. Sillig, *cat. p.* 469, prouve que ce prétendu statuaire est né d'un passage de Pausanias, *Eli.* 2, c. 17, 3; mal interprété par Junius, et que ce Chœrilus était un athlète vainqueur à Olympie, dont Sthénis d'Olynthe fit la statue. *Voy.* STHÉNIS.	
chrysès, grf. Brac. ???	
CHRYSOTHÉMIS d'Argos, st. Pau. *Eli.* 2, c. 10, 2.	VI d
CIMON de Cléone, pe. mono. Pli. *l.* 35, c. 34. Æli. V. H. VIII, 8.	IX ?
CIMON, cis. Athén. XI, p. 781. Sillig.	?
CIMON, d'après une dissertation de Payne Knight (*Archæolog.* v. XIX, p. 369). Le K, et le mot abrégé KIM, que l'on trouve fréquemment sur des médailles de Syracuse, indiqueraient un graveur monétaire nommé Cimon. Sillig.	?
cincius (Pub) salvius, sc. Son nom était sur la pomme de pin en bronze du mausolée d'Adrien. Winckelm. v. V, 442. Welcker. *Kstbl.* 15 oct. 1827.	
cinna, grf. Brac. ???	
CISSONIUS, ar. Grut. p. 537, n.° 4. Sous les empereurs.	?
CLAUDIUS, st. Orlandi. ?	III *
CLAUDIUS (N.), grf. Brac. ???	
CLAUDIUS (T.), grf. Brac. ???	
CLÉAGORAS, pe. Xénoph. *anab.* VII, 8. Sillig pense que Xénophon parle d'un écrivain plutôt que d'un peintre.	
CLÉANTHES de Corinthe, pe. mon. Pli. *l.* 35, c. 5. Strab. VIII, p. 343. Il se pourrait que le Cléanthes, auquel Strabon associe Arégon, fût un autre que celui de Pline, et que ces deux peintres appartinssent à des époques incertaines. Sillig, *cat.* Arégon, Cléanthes.	IX ?
CLÉARQUE de Rhegium, pla. Pau. *Eli.* 2, c. 4, 2. Sillig.	V a
CLÉOCHARÈS ou plutôt **LÉOCHARÈS**.	

CLÉOETAS, fils d'Aristoclès de Cydonie, et père d'Aristoclès le jeune de Sicyone. Pau. *Att. c.* 24, 3. — VI c d

CLÉOETAS, pe. *Voy*. LUDIUS.

CLÉOMÈNES, sc. Pli. *l.* 36, *c.* 4, 10, cite de belles Thespiades en marbre, qui appartenaient à Asinius Pollion, et qu'il attribue à un Cléomènes. — II b ?

CLÉOMÈNES, sc. Une inscription, gravée sur la base moderne de la Vénus de Médicis, mais qui paraît avoir été copiée d'après une ancienne inscription, porte le nom de Cléomènes, fils d'Apollodore athénien. Est-ce celui dont parle Pline? *Voyez* une Notice de Visconti, sur les sculpteurs qui ont porté le nom de Cléomènes.

CLÉOMÈNES, fils de Cléomènes d'Athènes, sc. Son nom est gravé sur la tortue de la statue du musée royal, n.° 712, connue sous le faux nom de Germanicus.

CLÉON de Sicyone. Pli. *l.* 34, *c.* 19, 27. Pau. *Eli.* 1, *c.* 17, 1. — IV a

CLÉON, pe. Pli. *l.* 35, *c.* 40, 33. On connaissait de lui un Cadmus. Sillig. — ?

CLÉON, fils de Périclidas de Lacédémone, ar. B. *corp. inscr.* n.° 1458.

CLÉON, grf. Brac. *pi.* 47. ΚΛΕΩΝΟΣ. Apollon citharède. — ?

CLÉOPHANTES de Corinthe, pe. Pli. *l.* 35, *c.* 5. — VII c ?

CLÉSIAS. *Voy*. CTÉSIAS.

CLÉSIDÈS, pe. Pli. *l.* 35, *c.* 40, 33. Il vécut après Alexandre le Grand; mais comme il peignit une reine Stratonice, et qu'il y en eut plusieurs de ce nom, on ne sait quelle est celle qu'il représenta, ayant été mécontent d'elle, se battant avec un pêcheur. Il exposa ce tableau dans le port d'Ephèse, et s'enfuit; mais la reine fut si satisfaite de sa ressemblance et de celle du personnage auquel on l'avait unie, qu'elle défendit qu'on fît disparaître ce tableau, malgré l'insulte que le peintre lui avait faite. — ?

CLISTHÈNES d'Erétrie, ar. et pein. de décorat. théâtr. Dio. La. 11, 125. — V d

CLITON, st. Xénoph. *memor.* III, 10. Sillig. — V d

CLONUS, ciseleur imaginé par Virgile. *Æn.* x, 499. Sillig. — ?

CNEIUS ou GNÆUS, grf. ΓΝΑΙΟΣ. Jeune athlète se frottant d'huile; Brac. *pl.* 51. Un autre tenant un strigile, *id.*

pl. 52. Diomède, maître du palladium, *id. pl.* 50. Hercule jeune, *id.* 49; Stos. 23; *coll. Strozzi.* Tête inconnue de femme, Brac. *pl.* 53; de Thésée, *id. pl.* 48.   I*

COCCEIÚS (L.) AUCTUS, ar. Fabretti *inscr. domest.* p. 267, 623. Sillig.   I*

coemus ou quintus, ΚΟΙΜΟΥ ou ΚΟΙΝΤΟΥ, selon M. Visconti. Adonis nu, Stos. *pl.* 24; Brac. *pl.* 54. Faune célébrant les bacchanales, Stos. *pl.* 23; Brac. *pl.* 55. Une figure de Pythagore, *Icon. gr.* v. 1, *p.* 155, *pl.* 17, n.° 2.

COENUS, pe. Pli. *l.* 35, *c.* 40. Il peignait, selon Pline, des *stemmata*, ce qui pourrait bien être des portraits de famille pour des arbres ou des tableaux généalogiques. Sillig.   ?

coios, cis. Son nom était sur un très-ancien casque, trouvé à Olympie. B. *corp. inscr.* n.° 31. Welc. *Kstbl.* 15 oct. 1827.

COLOTÈS de Paros, st. Elève de Phidias et de Pasitèles. Pli. *l.* 34, *c.* 19, 27; *l.* 35, *c.* 34. Strab. viii, *p.* 337. Pau. *Eli.* 1, *c.* 20, 1. Sillig.   V d

COLOTÈS de Téos, pe. Quintil. ii, 13.   IV a

CONSTANTIUS, ar. Gudi. *inscr.* 372, 3.   IV*

COPONIUS, sc. Pli. *l.* 36, *c.* 4, 13.   I b

CORNELIUS (Pub.) THALLUS, ar. Grut. *inscr. p.* 99, 9.   ?

CORÊ de Corinthe. Femme qui, selon Athénagore, *légat.* 14, *p.* 59, inventa la plastique. On attribuait aussi cette découverte à la fille de Dibutade; peut-être ignorait-on son nom, et on l'appela tout simplement *Coré, fille.*

CORNELIUS DASSUS, sc. Brac. Fabret. *inscr. antiq. p.* 17, n.° 75. Sillig.   ?

CORNELIUS PINUS, pe. Pli. *l.* 35, *c.* 37.   I*

COROEBUS, ar. Plut. *Pericl.* 13.   V c

CORYBAS, pe. Pli. *l.* 35, *c.* 40.   IV c

COSSUTIUS, ar. Vitr. vii, *præf.* §. 15. B. *corp. inscr.* v. 1, *p.* 434, n.° 363.   II b

cossutius (Marcus) cerdon, sc. Un faune demi-nature en marbre, qui, de la collection Townley, a passé dans le musée britannique, porte pour inscription ΜΑΡΚΟΣ ΚΟΣΣΟΥΤΙΟΣ ΜΑΡΚΟΥΑΠΕΛΕΥΘΕΡΟΣ ΚΕΡΔΩΝ ΕΠΟΙΕΙ. Voy. *Specimen* of ancient sculpture, v. 1, pl. 71. Brit. mus. t. 2, pl. 33, 43. WELC. Kstbl. 15 oct. 1827. | ?

CRATÈRE, collaborateur de PYTHODORE, st. PLI. l. 36, c. 4, 11. | I*

CRATÈS, cis. ATHÉN. XI, p. 782. SILLIG. | ?

CRATINUS, pe. nommé Cratère dans quelques éditions de Pline, et qui paraît avoir été aussi auteur comique. Il peignit dans le Pompéon à Athènes. PLI. l. 35, c. 40, 33. Sa fille IRÈNE était peintre. SILLIG. | ?

CRATINUS de Lacédémone, st. Il fit, pour Olympie, la statue du lutteur Philès éléen. PAU. Eli. 2, c. 9, 1. | ?

CRATON de Sicyone, pe. très-ancien, le premier qui, selon Athénag. legat. 14, p. 59, inventa le dessin. SILLIG. | ? AAA

CRESSIDAS de Cydonie, sc. D'après une inscription, il y avait à Hermione une de ses productions. B. corp. inscr. v. 1, p. 595, n.° 1195. WELC. Kstbl. 15 oct. 1827.

CRISIAS de Cydonie, sc. Il fit pour Minerve un trépied avec la dixme de dépouilles. Anth. pal. XIII, 13. WELC. l. l. | ?

CRITIAS NÉSIOTÈS ou l'insulaire, st. PLI. l. 34, c. 19, init. PAU. Att. c. 8, 5, c. 23, 11; Eli. 2, c. 3, 2. | V b c

CRITON et NICOLAÜS d'Athènes, st. Auteurs des Caryatides, et probablement du Bacchus indien, connu d'abord sous le nom de Sardanapale, trouvés en 1766 dans la vigne Strozzi, sur la voie appienne. WINCKELM. V. VI, P. 1, p. 203. | I ?

CRONIUS, grf. Un des quatre graveurs célèbres cités par Pline, l. 37, c. 4, et probablement élève de Pyrgotèle. Une Terpsichore, donnée par Bracci, pl. 56, porte le nom de ce graveur, ΚΡΟΝΙΟΣΕΠ; mais il est probable que c'est une fraude moderne, ou du moins que cette pierre gravée est moins ancienne que Cronius. | IV d

CTÉSIAS, st. cis. arg. PLI. l. 34, c. 19, 25. Il fit des statues de philosophes. Nommé à tort CLÉSIAS dans d'anciennes éditions de Pline, et Etésias, Ethésias dans des manuscrits. | ?

CTÉSICLÈS, st. ATHÉN. XIII, p. 606. Il fit à Samos, en marbre de Paros, une statue si jolie, qu'un certain Clisophus de Sélembrie en devint amoureux. SILLIG. | ?

CTÉSIDÈME, pe. PLI. l. 35, c. 37, c. 40, 33. | IV b

CTÉSILAÜS ou CTÉSILAS, st. PLI. l. 34, c. 19, init. 14.

On le trouve aussi nommé, dans les manuscrits, *Désilaüs* et *Crésilas*, noms qui ne peuvent être admis. Sillig. — V c

CTÉSILOQUE, pe. Pli. *l.* 35, *c.* 40, 33. — IV d

CTÉSIPHON. *Voy*. CHERSIPHRON.

CYDIAS de Cythnos, pe. Pli. *l.* 35, *c.* 40, 26. Dio. Cass. LIII, *p.* 721, *t.* 1. Théoph. *de lapid. p.* 95. Sillig. — IV b c

CYDON, st. Pli. *l.* 34, *c.* 19, *init..* — V c

CYRUS, ar. Cicer. *fam.* VII, 14; *Att.* 11, 3; *ad* Quint. *frat.* 11, 2. — I b c

DACTYLIDÈS. *Voy*. DERCYLIDÈS.

DÆSIAS, cis. de vases. Athén. x, *p.* 424. Sillig. — ?

DÆTONDAS de Sicyone, st. Pau. *Eli.* 2, *c.* 17, 3. — IV d

DAIPHRON, st. Pli. *l.* 34, *c.* 19, 28. Il fit des statues de philosophes. — ?

DAIPPUS, fils de Lysippe, st. Pli. *l.* 34, *c.* 19. Pau. *Eli.* 2, *c.* 12, 3; *c.* 16, 4. Par une inadvertance de Pline, il est aussi nommé LAIPPUS, les lettres grecques Δ et Λ se confondant aisément. *Voy*. Sillig. — III a

dalio, grf. Auteur d'une belle pierre gravée, publiée par Jong, *mus. bat. p.* 158. Brac. ? Sillig.

DAMOPHON ou DÉMOPHON, st. Pau. *Lac. c.* 31, 5, 6, 8; *c.* 27, 5. *Ach. c.* 23, 5. *Arc. c.* 31, 3; *c.* 37, 2. — IV b c

DAPHNIS, ar. Vitr. VII, *præf.* §. 16. *Voy*. DÉMÉTRIUS et PÆONIUS. — ? A

DASSUS. *Voy*. CORNELIUS DASSUS.

DECIUS, st. Pli. *l.* 34, *c.* 18. — I ?

DÉCRIANUS. *Voy*. DÉTRIANUS.

DÉDALE d'Athènes, sc. Hom. *il.* Σ 591, et Eust. *ibid. et ad.* Dion. Peri. 379. Heyne, *ad. il. t.* VII, 56. Plat. *Hipp. maior. opp. t.* III, *p.* 281. *Menon. p.* 97. Aristid. *orat. plat.* 1, *pro rhetor. t.* 2, *p.* 30, *ed. Jebb.* Schol. *ad Plat. remp.* VII, *p.* 354, *ed. Bekk.* Serv. *ad æneid.* VI, 14. Aristot. *politi.* 1, 4; *anim.* 4. Pseudo-Aristot. v. 2, *p.* 1092. Diod. Sic. IV, 76, 78. Apollod. 2, 6, 5. Ovid. *met.* VIII, 241. Pli. *l.* 7, *c.* 57; *l.* 35, *c.* 19, 2. Solin. 11, *sil. ital.* XII, 102. Strab. VI, 279. Hyg. *fab.* 39, 274. Plut. *Thes.* 18. Auson. *id.* XII. Philostr. Pau. *Att. c.* 21, 6; 3.

c. 26, 6; c. 27, 1. *Cor. c.* 4, 5; c. 14, 1. *Laco. c.* 17, 6.
Arc. c. 16, 2; c. 35, 2; c. 46, 2; c. 53, 3. *Bœot. c.* 3,
2, 4; c. 11, 2; c. 40, 2. ET. DE BYZ. 'Ηλεκτρίδαι νῆσοι Μονόγισσα. MARTIAN. CAP. VI. SUID. Δαιδάλου ποίημα, Πέρδικος ἱερόν. — TZETZ. *chil.* 1, 19, XI, 379. BŒTTIGER, *andeut.*
p. 49. THIERS. *ep.* 1, *adnot.* p. 19. CLARAC, *Mus. de peinture et de sculpt.*, etc. v. 2, p. 5, 16, 24. SILLIG.   X?

DÉDALE de Sicyone, st. fils de Patrocle. PLI. *l.* 34, *c.* 19,
15. PAU. *Eli.* 2, *c.* 2, 4; *c.* 3, 2; *c.* 6, 1. *Phoc. c.* 9, 3.   IV a

DÉDALE de Bithynie, st. Selon Arrien (*Eust. ad* DION.
peri. 796), il y avait de lui, à Nicomédie, une belle statue
de Jupiter guerrier; M. Thiersch, *epo.* 1, *adnot.* p. 26,
croit que ce statuaire doit être placé après la fondation de
Nicomédie par Alexandre le Grand. SILLIG.   ?

DÉLIADES, st. PLI. *l.* 34, *c.* 19, 25. Il ne fit rien de remarquable.   ?

DÉMÉAS ou DAMÉAS de Crotone, st. PAU. *Eli.* 2, *c.* 14, 2.   VI d

DÉMÉAS ou DAMÉAS de Clitore, st. PLI. *l.* 34, *c.* 19, *init.*
PAU. *Phoc.* x, *c.* 9, 4.   IV a

DÉMÉTRIUS, ar. VITR. VII, *præf.* §. 16. Il termina avec
Pœonius le temple d'Éphèse, commencé par Chersiphron.
On ne sait pas positivement son époque, mais il est très-ancien.   ? A

DÉMÉTRIUS. *Voy.* DÉMÉTRIANUS.

DÉMÉTRIUS, pe. DIO. LA. v, §. 83. SILLIG.   ?

DÉMÉTRIUS, peut-être le même statuaire que Démétrius
d'Alopécé de Lucien. PLI. *l.* 34, *c.* 19, 15. Son époque
n'est pas certaine; mais il fit la statue de Simon, le premier
qui ait écrit sur l'équitation, et dont il est question dans
Xénophon, mort nonagénaire l'an 359 avant J. C. Sillig
pense que ce Démétrius peut avoir fleuri du temps de
Périclès. On citait de lui la statue en bronze de Lysimaché, prêtresse de Minerve pendant 64 ans; une Minerve
appelée *Musica*, parce que, au son de la cythare, les serpens de son égide rendaient un bruit, une espèce de sifflement.   V d ?

DÉMÉTRIUS d'Éphèse, cis. ACT. AP.   I *

DÉMÉTRIUS de Sparte, st. fils de DÉMÉTRIUS. *c. inscr.*
v. 1, p. 451, n.° 1330; p. 675, n.° 1409. WELCK. *Kstbl.*
15 oct. 1827.   ?

DÉMOCRATÈS, ar. Brac. Murat. *nov. thes. t.* 2, *p.* 949, 6. Sillig. | IV d

DÉMOCRITE de Sicyone, st. Pli. *l.* 34, *c.* 19, 27. Pau. *Eli.* 2, *c.* 3, 2. | IV b

DÉMOCRITE, cis. arg. Athén. xi, *p.* 500. B. Sillig. | ?

DÉMOCRITE, st. Il fit la statue de la courtisane Lysis de Milet. Spon. *miscel. erud. antiq. p.* 138. Sillig. | ?

DÉMON ou DÆMON, st. Pli. *l.* 34, *c.* 19, 27. Il fit des statues de philosophes. | ?

DÉMOPHILE ou DAMOPHILE, pla. pe. avec GORGASUS. Pli. *l.* 35, *c.* 45. | V a

DÉMOPHILE d'Himère, pe. Pli. *l.* 35, *c.* 36, 2. | V b

DÉMOPHILE, ar. Vitr. vii, *præf.* §. 14. Il écrivit sur l'architecture. | ?

DENTRIANUS. *Voy.* DÉTRIANUS.

DERCYLIDES, st. Pline, *l.* 36, *c.* 4, 10, cite ses statues de Pugiles en marbre, qui étaient à Rome dans les jardins de Servilius. | ?

DÉSILAÜS ou CTÉSILAÜS. *Voy.* ce dernier nom.

DÉTRIANUS, ar. Spart. *Adrien.* 19. On le trouve nommé décrianus, démétrianus, dentrianus et dextrianus. | II *

deuton, grf. Jong. *cat. mus. bat. p.* 153. Ce nom a aussi été lu leucon. Brac. ? Sillig. | ?

DEXIPHANE, ar. Tzetzès, *chil.* 11, 33, v. 44, le place à tort du temps de Cléopâtre et d'Antoine, tandis que Sostrate, fils de Dexiphane, éleva le phare d'Alexandrie sous Ptolémée, fils de Lagus. Il n'est pas positif que Dexiphane fût architecte. | ?

DIADÈS ou CLIADÈS, ar. méc. Vitr. | IV

DIADUMENUS, sc. Auteur d'un joli bas-relief du *Musée roy. du Louvre*, n.° 324. *Voy.* aussi Welck. *Kstbl.* 15 oct. 1827. | IX ?

DIBUTADE, pla. Pli. *l.* 35, *c.* 43. | ?

DIDYMAON. Virg. *Æn.* v. 359. Il paraît que c'était un ciseleur estimé, dont Virgile se plut à citer le nom, ainsi qu'il l'a fait pour plusieurs autres artistes célèbres, tels qu'alcimédon, alcon, clonus, lycaon. *Voy.* Welcker, *l. sup. l.* | ?

DIÉS, st. Son nom se trouvait sur la base d'une statue de guerrier athénien; peut-être n'a-t-il pas été bien lu. B. c. inscr. n.º 412. WELCK. Kstbl. 15 oct. 1827. — ?

DIMOCLÈS. *Voy*. DINOMENÈS.

DINIAS, pe. très-ancien. PLI. *l*. 35, *c*. 34. — ? AA

DINOCHARÈS. *Voy*. DINOCRATÈS.

DINOCRATÈS de Macédoine, ar. VITR. 11, *praef*. §. 1. PLI. *l*. 5, *c*. 11; *l*. 7, *c*. 38; *l*. 34, *c*. 42. On le trouve aussi nommé, mais à tort, DINOCHARÈS, CHIROCRATÈS, TYMOCHARÈS, TIMOCRATE et STASICRATÈS. *Voy*. SILLIG. — IV d

DINOMÉDES. *Voy*. DINOMENÈS.

DINOMENÈS, st. PLI. *l*. 34, *c*. 19, *init*. 15. PAU. *Att*. *c*. 35, 1. TATI. *or. ad graec*. Nommé aussi, dans les manuscrits de Pline, DINOMÈDES, DINOMODÈS, DIMOCLÈS, DINOCLÈS, DIOMÈNES, DIOMÈDES. On a trouvé le nom de Dinomèdès sur une base. B. c. *inscr*. v. 1, p. 466, n.º 470. *Voy*. SILLIG. — IV a

DINOCLÈS. *Voy*. DINOMENÈS.

DINOMODÈS. *Voy*. DINOMENÈS.

DINON, st. élève de Polyclète. PLI. 34, *c*. 19, *init*. — IV a

DIOCLÈS, grf. ΔΙΟΚΛΕΟΥΣ. Tête de Faune. BRAC. *t*. 2, p. 285. — ?

DIOCLÈS. *Voy*. DINOCRATÈS.

DIOCLIDÈS, méc. ATHÉN. — III

DIODORE, cis. *Anth. pal*. *t*. 2, *p*. 701. Le poëte Platon célèbre son Satyre en argent. — ?

DIODORE, pe. *Anth. pal*. XI, 213. Il avait fait un portrait de Ménodote qui ressemblait à tout le monde, excepté à Ménodote. — ?

DIODORE. Ce nom se trouvait dans l'inscription, en vers élégiaques, d'un des monumens de Gabies, publiés par Visconti, *p*. 154; mais il se pourrait que ce Diodore ne fût pas un artiste. SILLIG, *appendix*. — ?

DIODOTE, st. auquel on a attribué la Némésis de Rhamnus, par Agoracrite. — V c d

DIODOTE de Nicomédie, fils de Boëthus, frère de Ménodote, sc. WINCKELM. v. 6, *P*. 1, *p*. 38. — V c d

DIOGÈNE, pe. PLI. *l*. 35, *c*. 40, 42. — III a

DIOGÈNE d'Athènes, sc. Pli. *l.* 36, *c.* 4, 11.　　　　I * a

DIOGNÈTE, ar. Vitr. x, 21.　　　　III a

DIOGNÈTE, pe. Jul. capit.　　　　II * b

DIOMÈDES (L. Furius), cis. Grut. *inscr.*, *p.* 639, n.° 11.　　　　?

DIOMÈDES. *Voy.* DINOMÈNES.

DION, ar. Donati. suppl. *vet. inscr.* Murat. *p.* 318. Sillig.　　　　?

DIONYSICLÈS de Milet, st. Pau. *Eli.* 2, *c.* 17, 1. Il y avait de lui à Olympie, la statue de Démocrate de Ténédos, vainqueur à la lutte.　　　　?

DIONYSIODORE ou DIONYSODORE, élève de Critias, st. et cis. ar. Pli. *l.* 34, *c.* 19, 25.　　　　V d

DIONYSIODORE de Colophon, pe. Pli. *l.* 35, *c.* 40, 42.　　　　?

DIONYSIUS d'Argos, st. Pau. *Eli.* 1, *c.* 26, 3, 6.　　　　V b

DIONYSIUS, sc. Pline, *l.* 36, *c.* 4, 10, cite une Junon en marbre d'un Dionysius; elle était à Rome dans les portiques d'Octavie, et il est probable, ainsi que le pense Sillig, qu'elle était d'un autre Dionysius que celui d'Argos, dont les ouvrages en marbre, s'il en a fait, étaient d'une époque où le travail en cette matière était encore dans son enfance, et n'aurait pas eu grand succès du temps d'Auguste.　　　　?

DIONYSIUS de Colophon, pe. Æli. v. h. iv. 3. Plut. *timol.* 36. *Voy.* Sillig.　　　　V b

DIONYSIUS, pe. Pli. *l.* 35, *c.* 40, 43.　　　　I a

DIONYSODORE. *Voy.* DIONYSIODORE.

dionysodore, fils d'Adamas, et frère de Ladamas et de Moschion, avec lesquels il fit pour Delos une statue d'Isis, conservée aujourd'hui à Venise. Winckelm. *l.* 6. *P.* 1, *p.* 56, n.° 224.　　　　?

DIORÈS, pe. Var. *de l. l.* viii, *p.* 129. *Voy.* ARIMNA.　　　　V?

dioscorides de Samos. On a trouvé de lui deux mosaïques à Pompéi. Winckelm. *l.* 6. *P.* 1, *p.* 296.　　　　?

DIOSCOURIDES, grf. Suét. *Aug.* 50. Pli. *l.* 37, *c.* 4. ΔΙΟΣΚΟΥΡΙΔΗΣ. ΔΙΟΣΚΟΥΡΙΔΟΥ. ΔΙΟΣ. Deux têtes d'Auguste. Stos. *pl.* 25, 26; Brac. *pl.* 57, 58. Tête inconnue, crue Mécène ou Cicéron. Stos. 26; Brac. *pl.* 59; Biblioth. roy. Mercure voyageur. Stos. 28; Brac. *pl.* 65. Mercure Criophore, ou tenant une tête de bélier. Brac. *pl.* 64. Io, superbe pierre; *id. pl.* 63. Diomède; *id. pl.* 61. Stos. 29.

Tête de Jupiter Sérapis. Brac. *pl.* 62. Hercule et Cerbère; *id. pl.* 66. Un des Géans; *id. pl.* 67. Un Hermaphrodite et des Amours, *id. pl.* 68. Démosthène; *id. pl.* 69; collection Ludovisi à Rome. Persée. Stos. 30; Brac. *pl.* 60. Diocourides et un des quatre grands graveurs cités par Pline. D'après l'inscription d'une pierre gravée, M. Visconti a prouvé que cet habile graveur était d'Ægée en Æolide. Voy. plus bas EUTYCHÈS. — I*a

Diphilus, grf. DIPHILI. Nom grec écrit en latin. Un vase et deux masques. Rasp. *pl.* 40, n.° 5513. — ?

DIPHILUS, ar. D'après une inscription donnée par Corsini. Sillig. — ?

DIPOENUS, st. Pli. *l.* 36, *c.* 4. Pau. *Bœot. c.* 14, 1; *c.* 22, 6. Sillig. — VIb

DIYLLUS, st. Pau. *Phoc., c.* 13, 4. — V?

Domes, grf. ΔΟΜΕΤΙΣ. Jupiter assis. Brac. *t.* 2, *p.* 284. — ?

DONTAS, st. de Lacédémone, élève de Dipœne et de Scyllis. Pau. *Eli.* 2, *c.* 19, 9. B. *Corp. inscr. t.* 1, *p.* 47. *Mus. Pi. Clém.*, v. 4, *p.* 244. Note. — VI c

DOROTHÉE, pe. Pli. *l.* 35, *c.* 36, 15. — I*c

DORYCLIDAS, st. de Lacédémone, élève de Dipœne et de Scyllis. Pau. *Eli.* 1, *c.* 17, 1. — VI c

ECHION, pe. st. Pli. *l.* 34, *c.* 19, *init. l.* 35, *c.* 32; *c.* 36, 9. — IV c

ECPHANTUS, st. Lansi, *Saggio di lingua etrusca*, v. 1, p. 93. Suivant les uns, Ecphantus aurait été l'auteur d'une statue consacrée par un certain Grophon qu'on ne connaît pas plus que le sculpteur; selon Bœckh, Grophon ou Trophon aurait été le sculpteur de cette statue; suivant d'autres, Ecphantus aurait consacré à Bacchus la statue de son père nourricier Silène, selon qu'on lit ΓΡΟΦΟΝ ou ΤΡΟΦΟΝ (nourricier), dans une très-ancienne inscription gravée sur une petite colonne du musée Nani à Venise. Ainsi l'existence de ce sculpteur est très-douteuse. — ??

eleudoros, grf. ΕΛΕΥΔΟΡΟΥ on trouve ce nom, probablement celui d'un graveur en médailles, sur le casque de Pallas, d'une médaille de Vélia. Hunter. Welck. *Kstbl.* 18 oct. 1827.

EMMOCHARÈS d'Argos, scu. selon Gudius *inscr. p.* 224, 7. Son nom était sur le fragment d'une statue de Vénus. Sillig. — ?

EGÉSIAS. Voy. HÉGÉSIAS.

eilus, grf. Brac. ???

ELADAS. Voy. AGELADAS.

EMILUS. Voy. SMILIS.

emo. hmo.... Il paraît que c'est le commencement d'un nom sur une pierre gravée, citée par Bracci, v. 2, n.º 52. Sillig. | ?

ENDOEUS d'Athènes, st. Pau. *Att.* c. 26, 5. | VI b

ENTINOPUS, ar. | V *

ENTOCHUS, scu. Pli. *l.* 36, c. 4, 10. Il y avait de lui un Océan et un Jupiter en marbre, qui appartenaient à Asinius Pollion, et étaient célèbres. | ?

EPÉUS, fils de Panopéus, sc. ar. ing. Pau. *Bœot.* c. 19, 6; c. 29, 4. | XIII ?

EPHORUS d'Éphèse, pe. maître d'Apelles et de Pamphile. Suidas. | IV c

ÉPIGONE, st. Pli. *l.* 34, c. 19, 29. Il fit à ce qu'il paraît des statues de tous les genres en bronze, et entr'autres un joueur de trompette et un enfant qui caressait sa mère qui vient d'être tuée. | ?

EPIMAQUE d'Athènes, ar. mé. Vitr. x, 2. | III a

epitynchanus, grf. Sto. *pl.* 42. Brac. *pl.* 70. ΕΠΙΤΥΓΧΑ. Tête de Sex. Pompée. Stos. *pl.* 42; ou Marcellus, selon Brac. *pl.* 70; collection Strozzi. Un Bellérophon, qui a appartenu à M. le chevalier Azara, et où on lit ΕΠΙ, est d'Epitynchanus, selon M. Visconti. Ce graveur et Agathopus étaient probablement des affranchis de Livie.

EPITYNCHANUS, orfèvre Grec au service des premiers Empereurs. Son nom conservé dans une des inscriptions du columbarium des serviteurs des Césars. Gori. Welck. *Kstbl.* 18 *oct.* 1827.

epitonus, grf. *Ephem. litt. Jena* 1825, n.º 193, *p.* 100. Sillig. | ?

ÉRATON. Son nom est gravé sur un vase de pierre de la villa Albani. Winckelm. *t.* 5, *p.* 49. *Pierres de Stosch*, *p.* 167. | ?

ÉRIGONE, pe. Pli. *l.* 35, c. 40, 41. | III c

erophile, fils de Dioscorides; son nom est gravé sur une tête d'Auguste, selon Meyer sur Winckelm. *part.* 6, *note* 1121. Welck. *Kstbl.* 18 oct. 1827. I*a b

EUBIUS de Thèbes, st. Pau. *Bœot. c.* 11, 2. Il fit en marbre blanc pour Thèbes, un Hercule *promachus* ou combattant. ?

EUBULIDES d'Athènes, nommé aussi à tort EUBOLIDES, st. Il consacra dans un portique sur le chemin d'Athènes au Céramique, les statues de Jupiter, de Minerve Pæonia, de Mnémosyne, d'Apollon et des Muses. Pau. *Att. c.* 2, 4. Il fit aussi la statue d'un homme qui calcule sur ses doigts. Pli. *l.* 34, *c.* 19, 29. Ce pourrait être l'Eubulidès, dont il est question aux articles d'Euchir, et dont le père et le fils se seraient appelés Euchir. On sait que ces homonymies ne sont pas rares dans les familles des artistes Grecs, où l'on donnait au fils le nom de son grand-père, ainsi qu'on le voit dans la famille d'Aristoclès de Cydonie, qui se suivent ainsi, Aristoclès, Cléœtas, Aristoclès. ?

EUBULUS ou EBULÆUS, st. fils d'un Praxitèle autre que le grand Praxitèle, et dont la patrie et l'époque sont inconnues; on a trouvé le nom de cet Eubulus sur une tête qui de la villa Negroni avait passé dans la collection du sculpteur Albaccini. Winckelm. v. 6, *p.* 166. Visconti, *mus. Pi. Clém.* *t.* 6, *p.* 36, est porté à regarder cet Eubulus comme un fils de Praxitèle. ?

EUCADMUS, st. Pau. *Phoc. c.* 19, 3. V c

EUCHIR, dont le nom signifie adroit de la main, parent de Dédale, inventa, selon Théophraste cité par Pline, *l.* 7, *c.* 57, la peinture en Grèce. ? aa

EUCHIR ou EUCHIRUS de Corinthe, pe. pla. Pli. *l.* 35, *c.* 43. Pau. *Eli.* 2, *c.* 4, 2. Elève de Syadras et de Chartas. VII b

EUCHIR et EUBULIDÈS, st. *B. C. inscr.* v. 1, n.º 666. D'après cette inscription qui appartenait à la statue d'une prêtresse de Minerve, de la famille sacerdotale des Etéobutades, ils étaient du bourg de Cropia, de la tribu Léontide, et il paraîtrait que cet Euchir était le père ou le grand-père d'Eubulidès. Welck. *Kstbl.* 15 oct. 1827. Voy. EUBULIDES. ?

EUCHIR, fils d'Eubulidès, sc. Pli. *l.* 34, *c.* 19, 34. Pau. *arc. c.* 14, 7. Cet Euchir qui d'après le genre de ses ouvrages, n'est peut-être pas selon Sillig et Thiersch d'une époque très-reculée, fit pour Phénée en Arcadie, une statue de

Mercure. On avait de lui des athlètes, des guerriers, des chasseurs, et des sacrificateurs.	?
EUCLIDES d'Egine, père de Smilis. Pau. *Ach.* c. 4, 4. Peut-être n'était-il pas artiste.	?
EUCLIDES d'Athènes, sc. Pau. *Ach.* c. 25, 5; c. 26, 3.	IV b
EUCLIDES. Voy. MI.	
EUDORUS, st. et décorat. de théâtre. Pli. *l.* 35, c. 40, 34.	?
euhelpistus, grf. Brac. ???	
EUGRAMMUS, st. Pli. *l.* 35, c. 43.	VII b
eum.... eym. Voy. MI.	
EUMARUS, pe. mono. Pli. *l.* 35, c. 34.	IX ?
EUMÉLUS, pe. Philost. *icon. p.* 4, *l.* 8. Ses ouvrages avaient beaucoup de grâce; son Hélène était placée à Rome au forum.	II*?
EUMÈNES. *Voy*. MI.	
EUNICUS de Mytilène, st. cis. arg. Pline, *l.* 33, c. 35, *l.* 34, c. 19, 25, le donne comme un ciseleur célèbre, sans indiquer ses ouvrages.	?
EUPALINUS, fils de Naustrophus, ar. Hérodote.	VIII b
EUPHORION, st. cis. Pline, *l.* 34, c. 19, 25, en parle de même que d'Eunicus.	?
EUPHRANOR, élève de Persée, pe., st. Pli. *l.* 35, c. 19, init. 16; c. 40, 25, 27, 42. Plut. *de glor. Ath.* 5, 2. Pau. *Att.* c. 3, 2, 3. *Bœot.* c. 9, 4. Val.-Max. viii, 11. Luci. *imagg.* 7, t. ii, *p.* 465. Philost. *vit. Apoll.* ii, 9. Eust. *ad il. A.* 529, *p.* 145, ii. *ed.* R. Steph. Byz. s. v. ἀνδῥῶν. Dio. Chrys. *orat.* 37, *p.* 466, c. x. Quintill. xii. 10. Sillig.	
EUPHRANOR, ar. écrivit sur les proportions des édifices. Vitr. vii. *Præf.* §. 14.	?
EUPHRONIDES, st. Pli. *l.* 34, c. 19, *init.*	IV b
euplus, grf. ΕΥΠΛΟΥ. Amour sur un dauphin. Brac. *pl.* 72. Je croirais volontiers que ce n'est pas le nom du graveur, mais le souhait d'une heureuse navigation; *vogue heureusement*; il y avait une Vénus Euplœa, qui accordait des vents favorables, et qui avait un petit temple dans le golfe de Naples, à l'extrémité du mont Pausylipe, dans un petit îlot. A moins que le nom d'Euplus n'ait donné au graveur l'idée de traiter un sujet qui y avait rapport.	?

EUPOLÉMUS d'Argos, ar. Pau. *Cor. c.* 17, 3. Thucid. IV, 133. — V d

EUPOMPE, pe. maître de Pamphile. Pli. *l.* 34, *c.* 19, 6; *l.* 35, *c.* 36, 3, 7. — IV a

EURIPIDE le poète fut d'abord peintre.

EURYCION, cis. Virgile. — ??

EURYCLÈS de Sparte, ar. Pau. *Cor. c.* 3, 5. Il fit à Corinthe de très-beaux bains, près du temple de Neptune. — ?

EUTÉLIDAS, st. Travailla avec Chrysothémis. Pau. *Eli.* 2, *c.* 10, 2. — VI d

EUTHUS, grf. ΕΥΘΟΥ. Silène et un Amour. Brac. *pl.* 71. — ?

EUTHYCRATÈS, fils et élève de Lysippe, st. Pli. *l.* 34, *c.* 19, *init.* 6, 23. — III a

EUTHYMÈDES, pe. Pline, *l.* 35, *c.* 40, 42, n'en apprend rien. — ?

eutychès, fils de Dioscourides d'Ægée, grf. ΕΥΤΥΧΗΣ ΔΙΟΣΚΟΥΡΙΔΟΥ ΑΙΓΕΑΙΩΣ ΕΠ. Une Minerve. Brac. *pl.* 74. — I*b

EUTYCHÈS de Bithynie, ar. Winckelm. *t.* 6, *P.* 1, *p.* 112; *P.* 2, *p.* 342. — ?

EUTYCHIDÈS de Sicyone, élève de Lysippe, st. sc. Pli. *l.* 34, *c.* 19, *init.* 16. Pau. *Eli.* 2, *c.* 2, 4. — III a

EUTYCHIDÈS, pe. Pline, *l.* 35, *c.* 40, 34, cite de lui un char à deux chevaux, un bige conduit par la Victoire. — ?

EUTYCHIDÈS, sc. Connu par une inscription sépulcrale. *Append. Anth. pal. t.* 2, *p.* 853. Sillig. — ?

EUTYCHIDÈS, pe. *Anth. gr. pal. t.* 2, *p.* 382. On ne cite de lui que les 20 enfans dont il était père. — ?

EUXÉNIDAS, pe. maître d'Aristide. Pli. *l.* 35, *c.* 36, 7. — IV b

ÉVANTHÈS, pe. Ach. Tat. 111, 6. Il paraît que ce nom a été fabriqué par cet auteur. *Voy.* Bœttiger, *Kunst mythologie*, v. 1, *p.* 232. Sillig.

ÉVÉNOR, pe., père et maître de Parrhasius. Pli. *l.* 35, *c.* 36, 1. *Voy.* Suidas, Harpocration, Photius, auxquels renvoie Sillig. — V d

ÉVHODUS, grf. ΕΥΟΔΟΣ ΕΠΟΙΕΙ. Tête de Julie, fille de Titus, sur une grande aigue marine, qui est à la Bibliothèque royale. Brac. *pl.* 73. M. Mongès, *icon. rom. t.* 2, *pl.* 35, n.° 3. — I*d

EVHONYMIANUS, pe. On voit inscrit ΕΓΡΑΦΕ ΕΥΟΝΜΙ sur un vase trouvé à Adria. LANZI, *giornale dell' italiana litteratura*, Padova, t. 20, p. 180. WELCK. *Kstbl.* 18 *oct.* 1827.

FABIUS MAXIMUS PICTOR (Q.), pe. PLI. *l.* 35, *c.* 7. Il paraît qu'il y eut dans cette famille plusieurs peintres de suite, QUINCTUS, CAÏUS et NUMERIUS FABIUS. *Voy*. BRACCI. Sillig ne dit pas la raison qui l'empêche de les admettre, non plus que FABIUS MAXIMUS PICTOR, dans son catalogue; cependant celui-ci se trouve dans son troisième tableau chronologique : il en dit aussi un mot à l'article PICTOR. | IV

FABULLUS, pe. de genre, nommé à ce qu'il paraît à tort AMULIUS. *Voy*. ce nom. PLI. *l.* 35, *c.* 37. | I*c

FAUSTUS, grf. BRAC. ???

FÉLIX, grf., élève ou affranchi de Calpurnius Severus; son nom écrit en grec, ΚΑΛΠΟΥΡΝΙΟΥ ΣΕΟΥΗΡΟΥ ΦΙΛΙΞ ΕΠΟΙΕΙ. Diomède enlevant le palladium. STOS. 36. BRAC. *pl*. 75. | ?

FICTORIUS (Caius), cis. ou ouvrier en vases. GRUT. *p.* 643, 6. WELCK. *Kstbl.* 15 *oct.* 1827.

FRONTIN, ar. rom. | I*b

FRUCTUS, ar. rom. DONI. *inscr. antiq.* p. 316, 5. | I*?

FUSSITIUS ou FUFITIUS, ar. rom. Ecrivit le premier, à Rome, un très-bel ouvrage sur l'architecture. VITR. VII, *præf*. §. 14. | ?

GALATON, pe. ÆL. *V. H.* XIII, 22. On citait de lui une composition bizarre et dégoûtante : Homère vomissant, et les poètes qui lui ont succédé profitant de ses déjections. | ?

GAURANUS, fils d'Anicétus, grf. ΓΑΥΡΑΝΟΥΑΝΙΚΕΤΟΥ. Combat d'un chien contre un sanglier. STOS. *pl.* 3. BRAC. *p*. 18. | II?

GÉLADAS. *Voy*. AGÉLADAS.

GITIADAS de Lacédémone, ar. st. PAU. *laco. c.* 17, 3; *c.* 18, 5. | VIIIc

GLAUCIAS d'Egine, st. PAU. *Eli.* 2, *c.* 6, 2; *c.* 9, 2, 3; *c.* 10, 1; *c.* 11, 3. | V b

GLAUCIDÈS, st. PLINE, *l.* 34, *c.* 19, 34, dit qu'il fit des statues de guerriers, de chasseurs, d'athlètes, de sacrificateurs en bronze. | ?

GLAUCION de Corinthe, pe. Pli. *l.* 35, *c.* 40, 29.   IV d

GLAUCUS de Chio ou de Samos. cis. Hérod. 1, 25. Et. de Byz. v. Ἀιθάλη. Sillig.   VII b

GLAUCUS de Lemnos, st. Et. de Byz. v. Ἀιθάλη.   ?

GLAUCUS d'Argos, st. Pau. *Eli.* 1, *c.* 26, 2, 6.   V

GLYCON d'Athènes, sculpteur de l'Hercule Farnèse, et d'un autre Hercule de la collection Guarnacci; son nom se trouve encore sur un bas-relief représentant Hercule devant un Hermès de Satyre. Boissard, *part.* III, *fig.* 117. Mais peut-être, ainsi que le remarque Carlo Fea, Winckelm. *Hist.* v. 2, p. 286, n'est-ce que le nom de celui qui consacra ce bas-relief. Le nom de Glycon, sur l'Hercule Farnèse, est écrit avec un oméga ω et non Ω, et Winckelmann pensait que cette forme n'avait été adoptée que sous les rois de Syrie, successeurs d'Alexandre le Grand. Mais Carlo Fea et Eckel ont trouvé l'ω sur des médailles qui doivent être plus anciennes; et le premier croit qu'un athlète, nommé d'abord *Lycon*, ensuite *Glycon*, et qui s'étant voué à la philosophie, succéda à Straton dans l'école d'Aristote, dans l'olympiade 127, fut le premier qui porta ce nom. Il pense qu'il faut placer le sculpteur Glycon au moins 10 olympiades plus tard, et je l'avais déjà mis à l'olympiade 145, mais cette époque reste toujours douteuse.   II a ?

GLYCON, grf. ΓΛΥΚΩΝ. Vénus sur un taureau marin, entourée d'Amours. *Bibl. royale de Paris.*   ?

GNÆUS. *Voy.* CNÆUS.

GOMPHUS, st. Tat. *contr. græc.* 52, p. 114. Il fit la statue de la courtisane Praxoris.   ?

GORGASUS de Lacédémone, pla. pe. *Voy.* DÉMOPHILE.

GORGIAS de Laconie, st. Pli. *l.* 34, *c.* 19, *init.* Heyne, *op. acad. t.* v, *p.* 371. Sil. *Amalth. t.* 3, *p.* 285.   V d

GROPHON ou TROPHON, st. Nani, *inscri.* Bœc. *c. inscr.* n.º 3. Welc. *Kstbl.* 15 oct. 1827. *Voy.* ECPHANTUS.   ?

GRYLLION, pe. Dio. Lae. v, §. 15.   IV d

GYGÈS, roi de Lydie. Quelques auteurs lui attribuaient l'invention de la peinture en Égypte. Pli. *l.* 7, *c.* 57.

HABRON ou ABRON, pe. Pli. *l.* 35, *c.* 40, 35. Il peignit la Concorde, l'Amitié, et des divinités.   ? AA

HARMATIUS, sc. qui fit avec Héraclidès, fils d'Agasias, une statue de Mars du musée royal du Louvre, n.° 411, p. 173. | ?

HÉCATÉE, st. cis. en argent. Pli. *l.* 33, *c.* 55 ; *l.* 34, *c.* 19, 25. Sans indication de ses ouvrages, quoiqu'il fût très-habile | ?

HÉCATODORE et SOSTRATE, st. Ils firent de concert, selon Polybe, IV, 78, *t.* 1, *p.* 474, *ed. Gron.*, pour la ville d'Aliphère en Arcadie, une très-grande et très-belle Minerve en bronze ; mais selon Pausanias, *Arc. c.* 26, 4, c'était un ouvrage d'Hypatodore. *Voy.* HYPATODORE. | IV a

HÉDYS, orfévre grec de la maison des premiers empereurs, ainsi qu'on l'apprend par une des inscriptions du columbarium des serviteurs des Césars. Gori. Welck. *Kstbl.* 18 oct. 1827.

HÉGÉSANDRE. *Voy.* AGÉSANDRE.

HÉGÉSIAS, st. Pli. *l.* 34, *c.* 19, 16. Thiers. *epoch. art. gr.* 2, *adnot. p.* 35. Sillig. | V b

HÉGÉSIAS d'Ephèse ou AGASIAS. *Voy.* ce nom.

HÉGÉSIAS d'Ephèse, fils de Ménophile, sc. Il travailla à Délos du temps des Romains. Cependant l'inscription, citée par Sillig, porte le nom d'Agasias, de même que celle du héros combattant du musée royal. Sillig, sous le prétexte que les noms *Agasias* et *Agésias* sont des formes du dialecte dorique, les change en *Hégésias* pour les adapter au dialecte ionique, ce qui me paraît assez inutile ; car ces artistes, qui nous ont laissé leurs noms gravés sur leurs ouvrages, devaient assez les connaître pour nous les transmettre exactement, et l'on est autorisé à conserver ce nom d'Agasias, qui se trouve écrit ainsi deux fois dans des inscriptions, tandis que celui d'Hégésias, pour lequel on voudrait le changer, n'a pour appui qu'un seul passage de Pline, qui même est contesté. Il me semble qu'on peut souvent causer bien des désordres dans les textes par ces subtilités d'érudition. | ?

HÉGIAS d'Athènes, st. Pau. *Arc. c.* 42, 5. Pli. *l.* 35, *c.* 19, *init.* 16. Heyne, *opusc. t.* 5, *p.* 369 ; et Thiers, *epo.* 2, *adnot. p.* 35, le croit le même que Hégésias I. Muller, *Ægin.* p. 102, et Sillig pensent le contraire, et je suis de leur avis. | V b

HEIUS, grf. HEIOY. Diane chasseresse d'ancien style. Stos. *pl.* 36. Brac. *pl.* 76. Lip. 1, 212. Winckelm. *t.* V, *p.* 48 ; *t.* VII, *p.* 463. | ?

HÉLÈNE, fem. pe., fille de Timon égyptien. Elle peignit la guerre d'Issus, qui eut lieu de son temps. Vespasien fit placer ce tableau dans le temple de la paix. Prot. *p.* 248.

HÉLICON, habile brodeur de personnages, et dont on conservait à Delphes de beaux ouvrages. Jun. Welc. *Kstbl.* 18 *oct.* 1827.   ?

HÉLIODORE, st. Pline, *l.* 34, *c.* 19, 34, dit qu'il fit des statues, en bronze, de guerriers, d'athlètes, de sacrificateurs, de chasseurs; il y avait aussi de lui, en marbre, dans un temple des portiques d'Octavie, Pan et Olympus luttant : c'était, dit Pline, *l.* 36, *c.* 4, 10, pour la beauté, le second *symplegma* ou grouppe de lutteurs; il regardait comme le premier celui de Céphisodore. Il est à croire que ce grouppe de Pan et d'Olympus était un autre que celui qui était à Rome dans les *septa*, et dont Pline, *l.* 36, *c.* 4, 8, ignorait l'auteur, de même que de celui de Chiron et d'Achille, que l'on voyait dans le même édifice; grouppes d'une telle beauté, qu'on eût jugé digne de mort celui qui les aurait mutilés. Des peintures d'Herculanum offrent des grouppes d'Achille et de Chiron, et une autre, Pan et Olympus; il y a aussi un grouppe dans la galerie de Florence qui pourrait rappeler celui dont parle Pline; mais cependant les sujets ne sont pas les mêmes, et les personnages ne luttent pas.   ?

HELLAS d'Athènes, st. Vitr. iii, *prœm.* §. 2, artiste ne manquant pas de talent, mais sans célébrité.   ?

hellen, grf. ΕΛΛΗΝ. Antinoüs et Harpocrate. Sto. 37. Brac. *pl.* 77.   ?

HEPHÆSTION, fils d'un Myron athénien, sc. Spon. *misc. erud. antiq. p.* 126. Brac. *t.* ii, *p.* 268.   ?

héphæstion, fils de Démophile, sc. Son nom, trouvé sur la base d'une statue à Délos, ΗΦΑΙΣΤΙΩΝ ΔΗΜΟΦΙΛΟΥ ΑΘΗΝΑΙΟΣ ΕΠΟΙΕΙ. Villoison, *Mém. de l'acad. des inscr. t.* 47, *p.* 297. Welc. *Kstbl.* 15 *oct.* 1827.   ?

HÉRACLA, pe. *Inscr. columb. lib. Aug. p.* 157. Sillig.   I*?

HÉRACLIDES de Macédoine, pe. Pli. *l.* 35, *c.* 40, 30, 42.   II b

HÉRACLIDES Phocéen, sc. Dio. Lae. v, §. 54.   ?

HÉRACLIDE d'Ephèse, fils d'Agasias. *Voy.* AGASIAS et HARMATIUS.

HERMOCLÈS de Rhodes, pla. Luci. *de dea Syr.*   III d

HÉRACLIDES, ar.   II*

HERMOCRÉON, ar. sc. STRA. XIII, p. 588; XII, p. 487. Il fit pour la ville de Parium, dans la Propontide, un autel d'une grandeur et d'une beauté remarquables.   ?

HERMODORE de Salamine, ar. Il éleva, à Rome, un temple dans le cirque de Flaminius. CORN. NÉP. C'est peut-être le même, selon Turnèbe, *adverts.* XI, 2, que l'Hermodus de Vitruve, III, 2, §. 5, qui éleva un temple à Jupiter Stator dans le portique de Metellus Macédonicus, et il se pourrait que cet Hermodore eût fleuri 148 ans avant Jésus-Christ, et qu'il eût, d'après un passage de Cicéron, *orat.* 1, 14, §. 62, travaillé encore en 99 avant Jésus-Christ, année où M. Antoine, qui plaida pour un Hermodore, fut consul. *Voy.* SILLIG.   II c d?

HERMODUS. *Voy.* HERMODORE.

HERMOGÈNE d'Alabanda, ar. VITR. III, 2, §. 6 et 3, §. 8; VII, *procem.* §. 12; IV, 3, §. 1. Il éleva de beaux édifices, et fit de bons ouvrages sur l'architecture. D'après ce qu'en dit Vitruve, il paraît ancien.   ? A

HERMOGÈNE de Cythère, st. PAU. *Cor. c.* 2, 7. Il fit pour Corinthe une statue de Vénus.   ?

HERMOGÈNE, pe. Il était contemporain de Tertullien, qui l'attaqua, dans un ouvrage, sur la doctrine des stoïciens, que ce peintre défendait. SILLIG.   II*b

HERMOLAÜS, sc. PLI. *l.* 36, *c.* 4, 11.   I*ab

HERMON, fils de Pyrrhus et frère de Lacratès, ar. PAU. *Eli.* 2, *c.* 19, 5.   V?

HERMON de Trœzène, st. PAU. *Cor. c.* 31, 9. Il fit une statue d'Apollon pour un temple très-ancien de ce Dieu à Trœzène, et les statues en bois des Dioscures.   ? AA

HERMON, sc. des temps mythologiques, et qui, selon le grand étymologiste, aurait inventé les *Hermonées,* les *Hermès,* et leur aurait donné son nom : il paraît être le même que le précédent.

HÉRODOTE d'Olynthe, st. TAT. *adv. Græc.* 53, 54, *p.* 116.   IV d

HÉROS, grf. BRAC. ???

HICANUS, st. PLI. *l.* 34, *c.* 19, 34. Il fit des athlètes, des chasseurs, des guerriers, des sacrificateurs en bronze.   ?

HIÉRON de Cibyre, frère de Tlépolème, pla. en cire. Cicer. *verr.* 4, 13. — I c

HIÉRONYME, ar. Diod. Sic. ? — IV

HILARIUS de Bithynie, pe. Eunap. *de vit. philos.*, etc., p. 94. — IV *

hilarus, grf. Brac. ???

HIPPEUS, cis. Athénée. ?

HIPPASIS, cis. en fer. Junius. ?

HIPPIAS, st. Selon Pausanias, *Eli.* 2, c. 13, 3, il aurait fait, pour Olympie, la statue de Duris de Samos, vainqueur au pugilat parmi les enfans, vers l'an 990 avant Jésus-Christ, ce qui n'est guère probable, et comme le fait remarquer Sillig, on ne faisait pas encore alors de statues d'athlètes ; je crois même que les Grecs n'en faisaient d'aucune espèce à cette époque. Les jeux olympiques, établis, dit-on, par Hercule, ne se célébraient pas encore régulièrement, et il est plus que douteux que l'on y eût déjà introduit les exercices athlétiques parmi les enfans. — ? ▲▲▲

HIPPIAS, st. maître de Phidias, selon Dion. Chrys. *orat.* LV, t. 2, p. 282, *ed. Reisk.* — V b

HIPPIAS, pe. nommé à tort Iphis. Pli. *l.* 35, c. 40, 35. Il peignit avec succès un Neptune et une Victoire. — ?

HIPPIAS, ar. ? — II *

HIPPODAMUS de Milet ou de Thurium, ar. Harpocr. v. ἱπποδάμεια. Sillig. — V b

HOROTHÉE d'Argos, sc. B. *c. inscr.* n.º 1194. Welc. *Kstbl.* 15 oct. 1827. — ?

horus, grf. Brac. ???

HYGIÉMON, pe. mon. Pli. *l.* 35, c. 34. Un des plus anciens peintres monochromes. — ? ▲▲▲

HYLLUS, grf. ΥΛΛΟΥ. Hercule jeune. Brac. *pl.* 78. Taureau dionysiaque. Mariette, *pl.* 42 ; *mus. Pi. Clem.* v. 5, *p.* 64. Brac. *pl.* 80. *Bibli. roy.* Tête de femme. Stos. 39 ; Brac. *pl.* 79. Tête de vieillard. Stos. 38 ; Brac. *pl.* 81. — ?

HYPATODORE de Thèbes, st. avec Aristogiton. Pli. *l.* 34, c. 19, *init.* Pau. *Arc.* c. 26, 4 ; *Phoc.* c. 10, 2. — IV a

HYPERBIUS. *Voy.* AGROLAS.

HYRAM de Tyr, ar. Bible.	XI
hythilus, grf. Brac. ???	
IADES. *Voy*. SILANION et ZEUXIADES.	
ICMALIUS, ouvrier en bois. Homère, *odys*. 19, 57.	???
ICTINUS, ar. Vitr. vii, *proœm*. §. 12, 16. Pau. *Arc*. c. 41, 5. Stra. ix, *p*. 606.	V d
IDÆUS, pe. Xénoph.?	V
IDECTÉE ou TECTÉE. *Voy*. ce dernier nom.	
ILLYRIUS, ar. B. *c*. *inscr*. *gr*. v. 1, *p*. 456, n.° 428.	?
INGENUUS, st. Son nom s'est trouvé sur la base d'une statue de Mercure. Voy. *Mus*. *Pi*. *Cl*. v. 3, *pl*. 41, *p*. 53. Welc. Kstbl. 15 oct. 1827.	
ION, st. Pli. *l*. 34, *c*. 19, *init*.	IV d
IPHICRATES. *Voy*. AMPHICRATES.	
IPHION de Corinthe, pe. *Anthol*. *pal*. ix, 757.	?
IPHIS. *Voy*. HIPPIAS.	
IRÈNE, fille de Cratinus, pe. Pli. *l*. 35, *c*. 40, 43. Un de ses tableaux, qu'on voyait à Eleusis, représentait une jeune fille.	?
ISIDORE, st. Pli. *l*. 34, *c*. 19, 16. Il y avait de lui, à Paros, un Hercule.	?
ISIGONE, st. Pli. *l*. 34, *c*. 19, 23.	III c
ISMÉNIAS de Chalcis, pe. Pseudo-Plut. *vit*. x, *orat*. Sillig.	?
JULIUS (Caius) PHOSPHORUS, ar. Grut. *p*. 594, 4.	?
LABEON (Antistius), pe. Pli. *l*. 35, *c*. 7. Sillig.	I*b c
LACER (C. Julius), ar. Grut. *p*. 162, 1.	I*d
LACHÈS ou CHARÈS. *Voy*. ce dernier nom.	
LACON. *Voy*. GORGIAS de Laconie.	
LACRATÈS, ar. sc. fils de Pyrrhus. *Voy*. HERMON.	V?
LADAMAS, st. *Voy*. DIONYSODORE.	
LÆDUS STRATIATÈS. *Voy*. LÉOSTRATIDÈS.	
LÆIUS, sc. Tzetz.?	
LAHIPPUS. *Voy*. DAIPPUS.	
LAERCÈS, orfèvre cité par Hom. *od*. 1, 425.	???
LALA de Cyzique, fem. pe. Pli. *l*. 35, *c*. 40, 43.	I a

4.

LAPHAÈS de Phliunte, st. Pau. *Cor. c.* 10, 1. *Ach. c.* 26, 3. Très-ancien statuaire; on citait de lui, à Sicyone, un Hercule en bois, et à Ægire en Arcadie, un Apollon en bois très-grand et nu. La nudité de cette statue pourrait faire croire qu'elle n'était pas de la plus haute antiquité. | ? AA

LASIMUS. *Voy.* ALSIMUS.

LARGONIUS (T. Flavius) HEROS, fon. cis. Reines, xi, 89, *p.* 640. Welc. *Kstbl.* 15 *oct.* 1827. | ?

laudicius, grf. Brac. ???

LÉARQUE de Rhégium, st. Pau. *Lac. c.* 17, 6. | VIII?

léocharès d'Athènes, st. et sc. Pli. *l.* 34, *c.* 19, *init.* 17; *l.* 36, *c.* 4, 9. Vitr. 11, 8, §. 11; vii, *præf.* §. 13. Pau. *Att. c.* 1, 3, *c.* 24, 4. On a trouvé son nom sur la base d'un Ganimède de la villa Medicis, qui est, ou son célèbre Ganymède dont parle Pline, ou une copie. ΓΑΝΥΜΗΔΗΣ ΛΕΟΧΑΡΟΥΣ ΑΘΗΝΑΙΟΥ. Winckel. *t.* 6, *P.* 2, *p.* 137. Sillig. | IV b c

LÉOCRAS, st. Le même que LÉOCHARÈS.

LÉON, pe. Pli. *l.* 35, *c.* 40, 35. Il peignit Sapho. | VI?

LÉON, st. Pli. *l.* 34, *c.* 19, 34. Il fit des statues d'athlètes, de guerriers, de chasseurs, de sacrificateurs en bronze. | ?

LÉONIDES d'Anthédon, élève d'Euphranor, pe. Et. de Byz. *V. ἀνθηδών.* Eustr. *ad Hom. iliad.* B. 508. | IV c

LÉONIDES, ar. Il écrivit sur les règles de l'architecture. Vitr. vii, *præf.* §. 14. Sillig. | ?

LÉONTION, pe. Pli. *l.* 35, *c.* 36, 19. | IV c

LÉONTIUS. *Voy.* PYTHAGORE de Rhégium.

LÉONTISCUS, pe. Pli. *l.* 35, *c.* 40, 35. | III c

LÉOPHON. *Voy.* LOPHON.

LÉOSTRATIDÈS, cis. arg. Pli. *l.* 33, *c.* 55. Il est nommé, dans les manuscrits, LÆDUS STRATIATÈS, LÆDUS STRATITÈS, LIDISTRATICÈS, LEDISTRATICÈS, LEDISTHRACIDÈS, que Sillig a rétabli en LÉOSTRATIDÈS. | I b

LESBOCLÈS, st. et pe. Pli. *l.* 34, *c.* 19, 25. On le trouve nommé LESBOLÈS et LESTOLÈS dans les manuscrits. | ?

LESBOTHÉMIS, sc. Athén. iv, *p.* 182; xiv, *p.* 635. Il avait fait une Muse qui tenait une grande flûte. | ?

LEUCON, sc. *Anthol. pal.* VI, 175.	?
LIBON Eléen, ar. Pau. *Eli.* 1, c. 10, 2.	V c
LINAX, fils d'Alexandre, sc. Dati. *vit. de Pittori*, p. 118. Sillig.	?
lipasius, grf. ΛΙΠΑΣΙΟΥ. Tête de Rhéa. Worsley, *mus.* p. 143. Sillig.	?
LOCRUS de Paros, st. Pau. *Att.* c. 8, 5.	?
LOPHON ou LÉOPHON, st. Pli. *l.* 34, c. 19, 34. Il fit des statues d'athlètes, de guerriers, de chasseurs, de sacrificateurs en bronze.	?
LUC (saint) l'évangéliste passe pour avoir été peintre.	I *
LUCIEN de Samosate. Cet écrivain fut statuaire jusqu'à l'âge de 30 ans.	II *
LUCILLUS, pe. Sym. *epist.* 11, 12, IX, 47.	
lucius, grf. ΛΕΥΚΙΟΥ. Victoire dans un bige. Brac. *pl.* 82.	?
LUCIUS, pla. Son nom ΛΟΥΚΙΟΥ, conservé sur une lampe en terre, où est représenté Achille traînant Hector autour de Troie. Bartoli. 111, 9. Welc. *Kstbl.* 18 oct. 1827.	?
LUDIUS (Marcus) HÉLOTAS d'Etolie, pe. Pli. *l.* 35, c. 37. Sillig pense que ce nom n'est dû qu'à de fausses leçons d'un passage des manuscrits de Pline. Celui qui est sous le n.° 1, à la biblioth. roy., porte : *Marcus plaustis Marcus Clœtasialata esse oriundus;* et par plusieurs inductions savantes, Sillig restitue ainsi ce vers inintelligible. Plautiu' Marcus Clecœtas Italia exoriundus. Et au lieu de *Ludius Helotas d'Etolie*, on aurait *Marcus Plautius Clecœtas d'Italie*. Ce serait quelque grec né dans la grande Grèce ou dans quelqu'autre partie de l'Italie, et qui eût été un affranchi de la famille Plautia. La correction est hardie; mais elle semble plausible, et d'autant plus qu'il paraît que le nom de *Ludius*, admis par Hardouin, ne se trouve dans aucun manuscrit.	VIIIb
LUDIUS, pe. d'orn. Pli. *l.* 35, c. 37.	I
LUPUS (C. Sevius), ar. Grut. *inscr.* p. 57, 7. Sillig.	?
LYCAON, cis. Virgile.	?
LYCISCUS, st. Pline, *l.* 34, c. 19, 17, cite de lui la statue en bronze de Lagon, enfant rusé, et d'une urbanité affectée.	

LYCIUS d'Eleuthère, st. sc. fils de Myron. Pli. *l.* 34, *c.* 19, *init.* 17. Paus. *Att. c.* 23, 8. *Eli.* 1, *c.* 22, 2. Athén. xi, *p.* 486. Son nom est corrompu dans plusieurs manuscrits, où on lit MIRUMLITIUM, MIRUNLITIUM et BUTHYREUS pour ELEUTHEREUS. Sillig. | IV a

LYCUS, st. Quoique Hardouin l'ait admis parmi les artistes cités par Pline, il paraît que c'est le même que Lycius d'Eleuthère. Sillig.

lysanias, fils de Dionysius, sc. Son nom a été trouvé sur la base d'une statue de Bacchus. Winckelm. *l.* vi, *P.* 11, *p.* 342.

LYSIAS, sc. Pli. *l.* 36, *c.* 4, 10. | I*

LYSIPPE de Sicyone, st. Pli. *l.* 34, *c.* 17; *c.* 19, *init.* 6, 8; *l.* 35, 39. Pau. *Att. c.* 43, 6. *Cor. c.* 9, 6; *c.* 9, 7; *c.* 20, 3. *Eli.* 2, *c.* 1; *c.* 2, 1; *c.* 4, 4; *c.* 5, 1; *c.* 14, 3; *c.* 17, 2. *Bœot. c.* 27, 3, *c.* 30, 1. Strab. vi, *p.* 278; x, *p.* 459; xiii, *p.* 590. Plut. *Fab. max.* 22. Luci. *Jup. trag.* *t.* 2, *p.* 652, ed. *Wetst. p.* 655. Stace. *Syl.* iv, 6, 32. Mart. ix, 43, 44. Callistr. *stat. p.* 698, ed. *Jac.* et les notes de Welcker. Dio. Lae. 11, §. 43. Tati. *adv. Gr.* 52, *p.* 113. — *Anthol. pal.* ix, 777. *Append. anthol. pal.* *t.* 2, *p.* 655, *p.* 725. Les principaux élèves de Lysippe, furent son frère LYSISTRATE, EUTHYCRATE, BÉDAS, DAIPPE. *Voy.* Sillig. | IV d

LYSIPPE d'Athènes, pe. anc. Pli. *l.* 35, *c.* 39. | ? a

lysippe, sc. Autre que le célèbre Lysippe de Sicyone; son nom, gravé sur un Hercule du palais Pitti à Florence. Voy. *Mon. gabini*, *p.* 44. *Galer. de Flor. ser.* 4, *t.* 3, *p.* 26 et 27.

lysippe d'Héraclée, fils d'un Lysippe, sc. Sur la base d'une statue d'Apollon à Delos, du temps des Romains, ΑΠΟΛΛΩΝΙ ΛΥΣΙΠΠΟΣ ΛΥΣΙΠΠΟΥ ΗΡΑΚΛΕΙΟΣ ΕΠΟΙΕΙ. Villoison. Welc. *Kstbl.* 15 *oct.* 1827. | ?

LYSON, st. Pli. *l.* 34, *c.* 19, 34. Il est mis au nombre des sculpteurs qui firent des statues d'athlètes, de guerriers, de sacrificateurs. Paus. *Att. c.* 3, 4, dit qu'il fit la statue du Peuple que l'on voyait, à Athènes, dans le sénat des cinq cents. | ?

LYSUS macédonien, st. Paus. *Eli.* 2, *c.* 17, 1. Il y avait de lui, à Olympie, une statue de Crianius éléen, vainqueur à la course armée. | ?

MACHATAS, sc. Il avait fait un Hercule. Murat. *In diar. ital. p.* 425. — ?

MÆCIUS (Publ.) PROCULUS, ar. Murat. *nov. thes.* 11, p. 831, 8. — ?

MALAS de Chio, sc. Pli. *l.* 36, *c.* 4, 2. — VI a

MALLIUS (Lucius), pe. Macr. *sat.* 2, 2. Ce Mallius passait à Rome pour un très-bon peintre. Un jour, un certain Servilius Geminus, voyant que ses enfans étaient fort laids, lui disait qu'il ne modelait pas aussi-bien qu'il peignait : c'est que, lui répondit Mallius, je modèle dans les ténèbres, et je peins dans le jour. C'est tout ce que l'on sait de ce peintre. — ?

MAMURIUS VETURIUS, cis. Ovid. *Fast.* 111, 383. Plut. *Num.* 13. Serv. *ad Æn.* viii, 664. Propert. iv, 2, 61. — VIII d

MANDROCLÈS, ar. Hérodote. — V

MARCUS, ar. — I

MARON, père de Virgile, potier. — I

MAXALAS, grf. Brac. ???

MÉCHOPANES, pe. Pli. *l.* 35, *c.* 40, 31. — III a

MÉDON de Lacédémone, st. Pau. *Eli.* 1, *c.* 17, 1. — VI c

MÉGACLÈS, ar. Pau. *Eli.* 2, *c.* 19, 4. Il fit, avec Pothæus et Antiphile, le trésor des Carthaginois à Olympie. — ? A

MÉLAMPUS, ar. Il écrivit sur l'architecture. Vitr. vii, *præf.* §. 14. — ?

MÉLANTHIUS ou MÉLANTHUS, pe. Pli. *l.* 35, *c.* 32, *c.* 36, 8. Plut. *arat.* 12, 13. Dio. Lae. iv, §. 18. Quint. xii, 10. *Voy.* Sillig. — IV d

MEMNON, ar. Hygin. *Fab.* 222. — VI c

MÉNÆCHME de Naupacte, st. Pau. *Ach. c.* 8, 16. — V b

MÉNÆCHME de Sicyone, st., fils d'Alcibius ou d'un Alcibiade. Pli. *l.* 34, *c.* 19, 18. Il écrivit sur la toreutique et sur les artistes. — IV d

MENASIPPE, ar.? *Voy.* STALLIUS.

MÉNANDRE (M. Livius), orfèvre grec attaché à la maison des premiers empereurs. On trouve son nom dans une des inscriptions du Columbarium des serviteurs des Césars. Gori. Welc. *Kstbl.* 18 *oct.* 1827.

MÉNÉCRATES, sc. Pli. *l.* 36, *c.* 4, 10. Il eut pour élèves, APOLLONIUS et TAURISCUS, auteurs du Taureau Farnèse. — ?

MENDÆUS. *Voy.* PÆONIUS.

MÉNEDÉMUS, phil. et pe. Dio. La. 11, 127.

ménélas, sc., élève de Stéphanus, qui est peut-être celui dont parle Pline, *l.* 36, *c.* 4. Ce Ménélas a sculpté le groupe de la villa Ludovisi, connu sous le nom de Papirius avec sa mère. ΜΕΝΕΛΑΟΣ ΣΤΕΦΑΝΟΥ ΜΑΘΗΤΗΣ ΕΠΟΙΕΙ. Winckelm. *t.* 6, *P.* 1, *p.* 242. Thiers. *epo.* III, *adnot.* *p.* 93. Sillig, à l'article STEPHANUS. — I*?

MÉNESTHÈS, ar. Il fit un temple pseudodiptère d'Apollon. Vitr. III, 2, §. 6. Sillig. — ?

ménestheus d'Aphrodisium, sc. Gruter, *p.* 1021, 2, cite une inscription sur un fragment de statue, dont était auteur Ménesthéus, fils de Ménesthéus. ΜΕΝΕΣΘΕΥΣ ΜΕΝΕΣΘΕΩΣ ΑΦΡΟΔΙΣΙΕΥΣ ΕΠΟΙΕΙ. Sillig. — ?

MÉNESTRATE, pe. *Anth. gr. pal.* XI, 213. Il avait fait deux mauvais tableaux de Phaéton et de Deucalion; le poète dit qu'on devrait noyer l'un et brûler l'autre. — ?

MÉNESTRATE, sc. Pli. *l.* 36, *c.* 4, 10. Tati. *adv. Græc.* 52, *p.* 113. — IV d

MÉNIPPUS, st. Dio. La. VI, §. 101. — ?

MÉNIPPUS; deux peintres de ce nom. Dio. La. VI, §. 101. — ?

MÉNODORE d'Athènes, st. sc. Pli. *l.* 34, *c.* 19, 34. Pau. *Bœot. c.* 27, 3. Amalthæa, III, *p.* 300. — I*

MÉNODOTE de Nicomédie, fils de BOETHUS et frère de DIODOTE. — V c d

MÉNOGÈNES, st. Pli. *l.* 34, *c.* 19, 30. Il avait fait de beaux Quadriges en bronze. — ?

MÉNON. *Voy.* PHIDIAS.

ménophantus, st. On a de lui une copie de la Vénus d'Alexandria Troas. Voy. *Mus. roy. du Louvre*, n.° 190. Winckelm. *t.* IV, *p.* 113, 130; *p.* 329. L'inscription porte ΑΠΟ ΤΗΣ ΕΝ ΤΡΩΑΔΙ ΜΗΝΟΦΑΝΤΟΣ ΕΠΟΙΕΙ. — ?

MENTOR, cis. Pli. *l.* 33, *c.* 53; *l.* 7, *c.* 39. Cicer. *Verr.* IV, 18, §. 38. Mart. III, 41; IV, 39; VIII, 50; IX, 59; XIV, 91. Juven. VIII, 104. Propert. I, 14, 2; III, 7, 12. Varron, *fragm. Agath. p.* 261, *ed. Rip. Voy.* Sillig. — IV d

MESTRIAS, pe. Grut. *p.* 90, 4. Il éleva un temple aux grandes déesses.	?
MÉTAGÈNES, ar. fils de Chersiphron.	VII
MÉTAGÈNES, Athénien du bourg de Xypeté. ar. Plut. *Péricl.* 13.	V d
MÉTICHUS, ar. On avait donné son nom à un forum d'Athènes. Pollux, VIII, 10, 121. Junius.	?
MÉTRODORE d'Athènes, pe. Pli. *l.* 35, *c.* 40, 30.	II b
MÉTRODORE, ar.	IV*
métrodore d'Éphèse. Son nom sur la base d'une statue. Boissard, *p.* 4, *pl.* 123. Welck. *Kstbl.* 15 *oct.* 1827.	?
MICCIADES de Chio, sc., fils de Malas et père d'Anthermus ou d'Archenéus.	VI b
MICCION, pe., élève de Zeuxis. Luci. *Zeuxid.* 7, *p.* 845, *t.* 1. *ed. Wetst.* Sillig.	IV b
MICON, fils de Phanochus, pe. et st. Pli. *l.* 33, *c.* 56; *l.* 35, *c.* 25, *c.* 35. Varr. *de l. l.* VIII, *p.* 129, *ed. bip. Voy.* Sillig. Il est aussi nommé, dans les manuscrits de Pline, MYCON, MÉCON, NICON.	V c
MICON le jeune, pe., père de Timarète. Pli. *l.* 35, *c.* 40, 43.	?
MICON de Syracuse, fils de Nicératus, sta. Pli. *l.* 34, *c.* 19, 30.	IV a
MICYLLUS. *Voy.* MI.	
midius, grf. ΜΙΔΙΟΥ. Griffon mordu par un serpent. *Biblioth. roy. de Paris.*	?
MI. MI... Commencement d'un nom, peut-être de celui d'un monétaire, sur des médailles de Syracuse. Noehden, *selection of ancient coins*, *p.* 49, pense que ce pourrait être MICYLLUS; de même que ΣΩ, serait SOSION; ΞΑ, XANTHOS; ΕΥΜ, EUMÈNES, et ΕΥΚΛΕΙΑ, EUCLÉIDES. *Voy.* Sillig, *catal. p.* 483. Welck. *Kstbl.* 18 *oct.* 1827.	
milésius, grf. Brac. ???	
MILON. *Voy.* MYDON.	
MIMNÈS ou MIMNÉTOS, pe. de vaisseaux. Hipponax, *fragm.* 7. Welck. *Kstbl.* 18 *oct.* 1827.	VI b
MITH. ΜΙΘ. Commencement d'un nom, peut-être de celui de Mithridate. Tête de cheval. Brac. *pl.* 85. Winckelm. *mon. inéd. p.* 238.	?

MNASITHÉE de Sicyone, pe. Pli. *l.* 35, *c.* 40, 42. | ?

MNASITIME, fils d'Aristonidas, pe. Pli. *l.* 35, *c.* 40, 42. | ?

MNÉSARQUE, sc., père du philosophe Pythagore. Dio. Lae. viii. | VI d

MNÉSICLÈS, ar. Plut. *Pericl.* 13, Pli. *l.* 22, *c.* 29, *l.* 34, *c.* 19, 21. Le nom de cet architecte du Parthénon n'est pas dans Pline; mais, d'après le passage de Plutarque, il paraît que c'est celui dont Pline dit que Stipax avait fait la statue en bronze qu'on connaissait sous le nom de Splanchnoptès. | V d

MORSIUS, grf. Brac. ???

MOSCHION d'Athènes, fils d'Adamas. *Voy.* DIONYSODORE.

MUSONIUS, ar. Anth. *pal.* ix, 677, *l.* 2, *p.* 238. Sillig. | ?

MUSTIUS, ar. ami de Pline le jeune, *epp.* ix, 39. | I*

MUSUS, st. Pau. *Eli.* 1, *c.* 24, 1. Il fit pour les Corinthiens une statue de Jupiter, consacrée à Olympie. | ?

MUTIUS (C. M. Cordus), ar. Rom. Vitr. viii, *préf.* §. 17. | I

MYAGRUS de Phocide, st. Pli. *l.* 34, *c.* 19, 34. Vitr. iii, *préf.* §. 2. Il fit des statues d'athlètes, de chasseurs, de guerriers, de sacrificateurs en bronze. | ?

mycon, grf. ΜΥΚΩΝΟC. Tête de vieillard. Brac. *pl.* 83. | ?

MYDON de Soles, pe. disciple de Pyromaque. Pli. *l.* 35, *c.* 40. Il est aussi appelé MILON. | III c

MYRMÉCIDES de Milet ou d'Athènes, sc. cis. Varro. *l. l.* Cicer. *acad.* iv, 38. Pli. *l.* 36, *c.* 4, 15.. Plut *adv. stoic.* *t.* x, *p.* 459, *ed.* R. Æli. v. h. 1, 17. Galien, *t.* 1, *p.* 20, *ed. Kuhn.* vi. Suidas. s. v. γελοῖος. Athén. xi, *p.* 782. Il travailla avec Callicrates, et faisait des ouvrages d'une extrême délicatesse: il gravait des vers d'Homère sur des grains de sésame, et fit des chars que couvrait une mouche de ses ailes. Sillig. | ?

MYRON d'Eleuthère, st. sc. cis. arg. Pli. *l.* 34, *c.* 5; *c.* 19, *init.* 3, *l.* 36, *c.* 4, 10. Strab. xiv, *p.* 637. Pau. *Cor. c.* 19, 6; *c.* 30, 2. *Eli.* 2, *c.* 2, 1; *c.* 8, 3; *c.* 13, 1. Anth. pal. *t.* 2, *p.* 640, n.° 53, *t.* 2, *p.* 703. *Voy.* Sillig. | V d-

myron, sc. Son nom s'est trouvé sur un buste du palais Corsini, ce Myron doit être très-postérieur au statuaire de ce nom, contemporain de Polyclète et de Phidias. | ?

MYRON, pe. Bianchini *iscri. sepulcr. de liberti*, etc. p. 77. Sillig.	I*
myrton, grf. MYPTΩN. Une Léda. Stos. *pl.* 43. Brac. *pl.* 84.	?
MYS, cis. arg. Pli. *l.* 33, *c.* 55. Pau. *Att. c.* 28, 2. Athén. xi, *p.* 782. Sillig.	V d a
NAUCÉRUS, st. Pli. *l.* 34, *c.* 19, 1, 19, cite de lui un lutteur haletant.	?
NAUCYDÈS d'Argos, fils de Mothon, frère aîné et maître de Polyclète d'Argos le jeune, st. Pli. *l.* 34, *c.* 19, *init.* 19, Pau. *Cor. c.* 17, 5; *c.* 22, 8. *Eli.* 2, *c.* 1, 2; *c.* 8, 3. Tati. *p.* 113.	IV a
NEALCÈS, pe. Pli. *l.* 35, *c.* 36, 20; *c.* 40, 36, 41. Plut. *Arat.* 13.	III c
NÉARQUE, pe. père d'Aristarète. Pli. *l.* 35, *c.* 40, 43.	?
neisus, grf. NEIΣOY. Jupiter. Brac. *t.* 2, *p.* 284.	?
NÉOCLÈS, pe. Pli. *l.* 35, *c.* 40, 42.	?
NÉOCLÈS, d'après une inscription de Boeckh, *c. inscr.* v. 1, n.° 150, *l.* 39. Il paraîtrait qu'il y eut un statuaire de ce nom.	?
NÉRON, grf. selon S. Epiphane cité par Saumaise *Exercitt.* Pli. *p.* 142. Il avait donné son nom à une espèce d'émeraude d'un vert très-vif qu'il avait découverte. Sillig.	?
NÉSÉAS de Thasos, pe., maître de Zeuxis. Pli. *l.* 35, *c.* 36, 2.	V c d
NESSUS, pe. fils d'Habron. Pli. *l.* 35, *c.* 40, 42.	?
NESTOCLÈS. *Voy.* CRITIAS NÉSIOTÈS, dont d'après une leçon fautive de Pline, on avait fait deux artistes, CRITIAS et NESTOCLÈS.	
NESTOR, grf. Ephem. *littér. de Jena* 1825, n.° 193, *p.* 100. Sillig.	?
neuantus peut-être de Crète. On trouve le nom de ce graveur de médailles, sur une médaille de Cydonie, rapportée par Eckhel *de doctr. num* 1, *c.* 14, 11. *p.* 309. NEYANTOΣ EΠOEI. C'est le seul nom connu de graveurs de médailles, il est probable que les autres n'ont indiqué les leurs que par des monogrammes. Mionnet, *descr. des méd. l.* 1, *p.* 271, n.° 112. Hirt. *amalt.* v, 2, *p.* 20.	?

NEXARIS, ar. Vitr. vii. *Præf.* §. 14. Il écrivit sur l'ordonnance de l'architecture. | ?

nicandre, grf. ΝΙΚΑΝΔΡΟΥ. Julie, fille de Titus. Brac. *pl.* 86. | I*

NICANOR de Paros, pe. enc. Pli. *l.* 35, *c.* 39. | V c

NICÆARQUE, pe. Pli. *l.* 35, *c.* 40, 36. Il peignit Vénus entre les grâces et les amours, et un Hercule tombé dans la tristesse après ses accès de démence. | ?

nicas, grf. Brac. ???

nicéphorus, grf. ΝΙΚΗΦΟΡΟΣ. Un Mercure. *Coll. du landgrave. de Hesse-Cassel.* Bas empire. | ?

NICÉPHON, st. B. *C. inscr.* v. 1, n.° 1402. | ?

NICÉRATUS d'Athènes, fils d'Euctémon. Pli. *l.* 34, *c.* 19, 31. Tati. *p.* 115. | V d

NICÉROS de Thèbes, fils d'Aristide, et frère d'Ariston. Pli. *l.* 35, *c.* 36, 23. | IV d

NICIAS d'Athènes, fils de Nicomède, et élève d'Antidote, pe. Pli. *l.* 35, *c.* 10; *c.* 20; *c.* 40, 28. Plut. *l.* 10, *p.* 469, edit. R. Pau. *Att. c.* 29, 15, *arg. c.* 31, 9. *Ach. c.* 22, 4. Demetr. Phal. *elocut.* §. 76. Sillig. | IV d

NICODAMUS de Mænale en Arcadie, st. Pau. *Eli.* 1, *c.* 26, 5; *c.* 6, 1. *Eli.* 2, *c.* 3, 4; *c.* 6, 1. *Phoc. c.* 25, 4. | V d

NICOLAÜS d'Athènes, st. *Voy.* CRITON.

NICOMAQUE de Thèbes, pe. fils et disciple d'Aristodème, frère et maître d'Aristide, père d'Aristoclès; maître de Philoxène et de Coribas. Pli. *l.* 35, *c.* 21; *c.* 32; *c.* 36, 22; *c.* 40, 41. Plut. *Mul. virt. t.* 8, *p.* 264. *Vit. Timol.* 36. Vitr. iii, *proœm.* §. 2. | IV b

nicomaque. nicomac. Un Faune assis. Stos. *pl.* 44. Brac. *pl.* 87.

NICOMÈDE, ar. ing. | I

NICON, pe. *Voy.* MICON.

NICON, ar. père de Galien. Suidas. | II*

NICONIDAS, ar. Plut. | I

NICOPHANE, pe. Pli. *l.* 35, *c.* 36, 23. Athén. xiii, *p.* 567. | IV*

NICOSTRATE, pe. Æl. v. h. xiv, 47, peut-être le même que NICOMAQUE I.er

nilus, ar. ΝΙΛΥΣ. On a trouvé son nom sur un gros fût de

colonne, près de Monte Citorio à Rome. Brac. Welck. Kstbl. 18 oct. 1827. | ?

NUMISIUS, ar. Fit le théâtre d'Herculanum. Sillig. | ?

OCEANUS, ar. ou sc. *Anth. gr. Jacobs append.* n.° 310. Welck. *Kstbl.* 18 oct. 1827. | ?

OECONOMICUS, grf. Brac. ???

OENIAS, pe. Pli. *l.* 35, *c.* 40, 37. | ?

OLBIADES, st. Pau. *Att. c.* 3, 4. | ?

OLYMPIAS, fem. pe. qui eut pour élève Autobule. Pli. *l.* 35, *c.* 40, 43. | ?

OLYMPIOSTHÈNES, st. Il travailla avec Strongylion et un Céphisodote. Pau. *Bœot. c.* 30, 1. | IV d

OLYMPUS, st. Pau. *Eli.* 2, *c.* 3, 4, 5. *Ach. c.* 17, 6. | V c

OMPHALION, pe. élève de Nicias. Pau. *arg. c.* 31, 9. | IV d

ONÆTHUS, père de Thylacus. Pau. *Eli.* 1, *c.* 2, 3, 4. Ils firent avec leurs enfans pour Olympie, une statue de Jupiter, consacrée par les Mégariens.

ONASSIMÈDES, st. Il fit pour Thèbes un Bacchus en bronze. Pau. *Bœot. c.* 12, 3. | ? A

ONATAS d'Egine, fils de Micon, st. et pe. Pau. *Att. c.* 38, 8. *Eli.* 1, *c.* 25, 5, 7; *c.* 27, 5. *Eli.* 2, *c.* 12, 1. *Arc. c.* 42, 4, 5. *Bœot. c.* 4, 1, *c.* 5, 5. *Phoc. c.* 13, 5. Anth. pal. ix, 238. | V b

ONASIAS mis pour ONATAS.

onésas, grf. ΟΝΗΣΑΣ ΕΠΟΙΕΙ. Une Muse. Stos. *pl.* 40; Brac. *pl.* 88. Tête d'Hercule. Stos. 46. Brac. *pl.* 89. | ?

onesimus, grf. ΟΝΗΣΙΜΟΣ. Jupiter debout. Millin. *Pier. grav. inéd. pl.* 2. Welck. *Kstbl.* 18 oct. 1827. | ?

OOLIAB, sculpteur, ciseleur hébreu. *Exode, c.* 30, v. 6. | XVI

ophélion, fils d'Aristonidas, sc. ΩΦΕΛΙΩΝ . ΡΙΣΣΤΟΝΙΔΑ. Ce dernier nom est écrit avec deux Σ avant le T, comme ceux d'ΑΣΣΤΕΑΣ, d'ΑΣΣΤΡΑΓΑΛΟΣ. *V.* ces noms. *Mus. roy.* n.° 150. | I

OPHÉLION, pe. Anth. Pal. vi, 315, 316. Il peignit Pan et Ærope. | ?

orus, grf. Il y a une belle tête de Silène de lui dans le musée Worthley, *p.* 144. | ?

PACUVIUS, poète trag. et pe. neveu d'Ennius. Pli. *l*. 35, *c*. 7. | II c

PÆONIUS d'Ephèse, ar. Vitr. vii. *Proœm*. §. 16. Il termina avec Demetrius le temple d'Ephèse, commencé par Chersiphron, et il construisit à Milet un temple ionique d'Apollon, avec Daphnis de Milet. | ? a

PÆONIUS de Mende en Thrace, st. sc. Pau. *Eli*. 1, *c*. 10, 2; *c*. 26, 1. | V c

PAMPHILE d'Amphipolis, pe. élève d'Eupompe, et maître d'Apelle, de Mélanthius, de Pausias. Pli. *l*. 35, *c*. 36, 8; *c*. 40. Plut. *Arat*. 13. | IV a

PAMPHILE, sc. élève de Praxitèle. Pli. *l*. 36, *c*. 4, 10. | IV d

PAMPHILE, grf. ΠΑΜΦΙΛΟΥ. Achille, Citharède, Mariette. *pl*. 92; Brac. *pl*. 90, *Bibl. roy*. | ?

PANÆNUS d'Athènes, cousin germain de Phidias, pe. Pli. *l*. 35, *c*. 34; *l*. 36, *c*. 55. Pau. *Att. c*. 15, 4. *Eli*. 1, *c*. 11, 2. Strab. viii, *p*. 354. | V d

PANÆUS, fausse leçon de Pline, pour PANÆNUS.

PANÆUS, grf. ΠΑΝΑΙΟΥ ΑΦΡΟΔΙΤΗ, Vénus et Pan. *Bibl. roy*. | ?

PANDEMIOS, st. selon Pline, *l*. 16, *c*. 79. Ce serait le sculpteur qui aurait fait à une époque très-reculée, la statue de la Diane d'Ephèse en bois d'ébène; ou, selon le consul Mucianus, avec une souche de vigne. | ? AAA

PANDEIUS ou PANDIUS ou PANTIUS, st. En travaillant dans le temple de Tégée, il mangea d'un fruit empoisonné qui lui fit perdre la raison. Peut-être est-ce le même que PANTIAS. Théophr. H. P. ix, 13. Welck. *Kstbl*. 15 oct. 1827.

PANTÆUS, fausse leçon de Pline, au lieu de PANÆNUS.

PANTIAS de Chio, st. fils de Sostrate. Pau. *Eli*. 2, *c*. 3, 4; *c*. 9, 1; *c*. 14, 3. | IV a

PANTIUS, st. Théophr. *Voy* PANDEIUS. | ?

PANTULEIUS. *Voy*. AULUS.

PAPIAS. *Voy*. ARISTÉAS.

PARÉLIUS. *Voy*. SCOPAS.

PARRHASIUS d'Ephèse, fils et élève d'Evénor, pe. Pli. *l*. 35, *c*. 21; *c*. 36, 3, 5. Paus. *Att. c*. 28, 2. Xénoph. *Mem*. iii, 10. *Quinctil*. xii, 10, *p*. 369. Plut. *Thes*. 4. Athén. xii, *p*. 543. Sillig. | V d a

PARTHÉNIUS, cis. Nom peut-être inventé par Juvénal, xii, 44. ?

PASIAS, pe., élève d'Erigonus. Pli. *l.* 35, *c.* 40, 41. III d

PASITÉLÈS, st., maître de Colotès de Paros. Pau. *Eli.* 1, *c.* 20, 1.

PASITÉLÈS, sc. cis. Pli. *l.* 33, *c.* 55; *l.* 35, *c.* 45; *l.* 36, *c.* 4, 12. Sillig, *Amalth.* 111, 293. I c

PATROCLÈS de Sicyone, st. Pli. *l.* 34, *c.* 19. Pau. *Eli.* 2, *c.* 3, 2. *Phoc. c.* 9, 4. V d

PATROCLÈS de Crotone, fils de Catillus. Il fit un Apollon en buis, dont la tête était dorée, et que les Locriens épizephyriens consacrèrent à Olympie. ?

PAUSANIAS d'Apollonie, st. Pau. *Phoc. c.* 9, 3. V d

PAUSANIAS, pe. Athén. xiii, *p.* 567. Il peignit des courtisanes. ?

PAUSIAS de Sicyone, père d'Aristolaüs, pe. Pli. *l.* 35, *c.* 40. Pau. *Cor. c.* 27, 3. IV d

PAUSON, pe. Aristoph. *Plut.* v. 602. Aristote, *Poet.* 2. *Politi.* viii, 5, *p.* 267. Plut. *de Pyth. orac.* 5. Luci. *Encom. Demosth.* 24. Æli. V. H. xiv, 15.

PAZALIAS. Sillig met ce graveur en pierres fines parmi les artistes anciens dont la patrie et l'époque sont incertaines; mais je croirais volontiers que ce graveur est moderne et italien, qu'il se nommait *Pasaglia*, et que, comme Pichler, Natter et d'autres, il écrivait quelquefois son nom en grec sur les pierres qu'il gravait. Il y a de lui une Muse, auprès de laquelle le nom de ce graveur est écrit ΠΑΣΑΛΙΑΣ.

PÉDIUS (Quintus), pe. Pli. *l.* 35, *c.* 7. I d

PERDIX, prétendu neveu de Dédale l'ancien, et le même que Talus. ? AA

PÉRELIUS. *Voy.* SCOPAS.

PERGAMUS, grf. ΠΕΡΓΑΜΟΥ. Une Bacchante. Stos. 49; Brac. *pl.* 92. ?

PÉRICLÈTE, st. Pau. *Cor.* V d

PÉRICLIMÈNE, st. Pli. *l.* 34, *c.* 19, 34. Il réussissait dans les statues d'athlètes, de guerriers, de chasseurs, de sacrificateurs. Tatien, *adv. Gr. p.* 118, dit qu'il fit la statue d'une femme qui accoucha de 30 enfans; à la manière dont il en parle, en la comparant à la laie d'Énée dans Virgile, il paraîtrait qu'il entend que ce fut en une seule fois qu'Eutychis mit au monde ces 30 enfans. | ?

PÉRILLUS, probablement d'Agrigente, st. fo. Luci. *encom. Phalar;* Pind. *Schol. Pyth.* 1, 185. | VI c

PERSÉE, pe. élève d'Apelle. Pli. *l.* 35, *c.* 36. | III a

PÉTROS, sc. ΠΕΤΡΟΣ. Tête de Caracalla. Millin, *introd.* p. 78. Welc. *Kstbl.* 18 oct. 1827. | II *

PHÆAX d'Agrigente, ar. Dio. Sic. xi, 25. | V b

phædimus, st. ΦΑΙΔΙΜΟΣ, sur la base d'une statue de Ganymède, trouvée en 1800, près d'Ostie, par Fagan. C. Fea, *Viaggio di Roma ad Ostia,* 1805, *p.* 54. *Mus. chiaram. t.* 1, *pl.* 11. Welck. *Kstbl.* 15 oct. 1827. | ?

PHÆDRUS, st. Visconti, *Elgin. p.* 98. Bœckh, *c. inscr.* v. 1, n.° 522. | ?

PHALÉRION, pe. Peignit une Scylla. Pli. *l.* 35, *c.* 40, 38. | ?

PHARAX d'Éphèse, st. Vitr. 111, *proœm.* §. 2. | ?

PHARNACÈS, grf. ΦΑΡΝΑΚΗΣ ΕΠ. Un cheval marin. Brac. *pl.* 93. | ?

PHASIS, pe. Il peignit Cynégire. Hérod. vii, 114. *Append. anth. pal. t.* 2, *p.* 660. | ?

PHIDIAS, fils de Charmidas d'Athènes, élève d'Agéladas et d'Hégias, pe. et st. Isocr. *contr. Callim.* §. 7, *ed. Bekk.* Demosth. παραπρ. §. 272, *ed. Bekk.* Strab. viii, 353. D. 534, A. Val.-Max. iii, 7. Propert. iii, 7, 15. Marti. iii, 35. Plut. *Pericl.* 13, *t.* vii, *p.* 363, *ed. R. de Isid. et Osir. p.* 381. E. *Præcep. conjug. p.* 142, D. Diod. Sic. xii, 39, 40. Arrian. *Peripl. pont. eux. p.* 9. Pli. *l.* 7, *c.* 39; *l.* 34, *c.* 19, *init.* 1, 2, 12; *l.* 35, *c.* 34; *l.* 36, *c.* 4, 3, 4. Paus. *Att. c.* 3, 4; *c.* 23, 5; *c.* 24, 1, 8; *c.* 28, 2. *Eli.* 1, *c.* 8, 3; *c.* 11, 2, 5; *c.* 14, 5; *c.* 15, 1; *c.* 16, 2. *Eli.* 2, *c.* 4, 3; *c.* 25, 2; *c.* 26, 2. *Ach. c.* 27, 1. *Arc. c.* 42, 4. *Bœot. c.* 4, 1; *c.* 10, 2. *Phoc. c.* 10, 1; *c.* 30, 1, et les notes de Siébelis. Luci. *Imagg.* 14, 4, *t.* 2, *p.* 462. Julian. *epist.* 8, *p.* 377, A. *ed. Spanh.* Procop. *De bell. goth.* vi, 22. Maxi. tyr. xiv, *t.* 1, *p.* 260, *ed. R.* Clem. Al. *Protrep. p.* 30, 35. *Homil.* xii, §. 12. Arnob. *adv. gent.* vi, *p.* 199, *ed. L. B.* 1651. Cedren. *p.* 254, *ed. Venet.* Heyne, *Antiq. aufs.* 1, *p.* 97, 201, 203. Prisc. *artis. op. Constantin,* etc., *p.* 9. Fea, *Winck. H. t.* 2, *p.* 416, 424. Meyer, *Winck. t.* vi, P. 1,

p. 47; *P.* II, *p.* 66. Bœttiger, *Andeut.* p. 84, 90. *Amalth.* t. 2, p. 247, 314; t. 3, p. 266. Bœckh, *c. inscr.* etc., *t.* 1, p. 235, 237, 242. Muller, *de Æde. Min. poli.* p. 19. Wagner. *Kstbl.* 1824, n.° 93, 94, 96, 98. Welck. *Callistr.* p. 699. Sillig. Il est assez singulier que ce dernier écrivain, parmi tant d'auteurs qu'il cite, ne dise pas un seul mot de M. Quatremère de Quinci, qui, dans son Jupiter olympien, a répandu tant de lumière sur Phidias, sur ses ouvrages et sur son école.   V d

phidias, fils d'un Phidias et ammonias, sc. *Voy.* ce dernier nom.

PHILÆUS, père de Rhœcus de Samos, était probablement statuaire.

PHILEAS et ZEUXIPPE, st. On a trouvé leurs noms dans une inscription d'Hermione en Argolide, qui a pu appartenir à une statue B. *c. inscr.* v. 1, n.° 1229. Welck. *Kstbl.* 15 oct. 1827.   ?

philémon, grf. ΦΙΛΗΜΟΝΟΣ ou ΦΙΛΗΜΩΝ ΕΠΟΙ. Thésée, vainqueur du minotaure. Stos. 51; Brac. *pl.* 94. Tête de Faune. Brac. *pl.* 95.   ?

PHILASCURUS, pe. Reines, *cl.* xi, n.° 67, *p.* 632.   ?

PHILÉSIAS d'Eretrie, st. Pau. *Eli.* 1, *c.* 27, 6. Il fit deux bœufs de bronze, l'un pour les Corcyréens, l'autre pour les Erétriens, qui les consacrèrent à Olympie.   ?

philésimus, grf. Brac. ???

PHILÉTUS, sc. ? Il paraîtrait avoir fait le buste (*protóma*) d'un C. Calpurnius Eutychius. B. *c. inscr.* v. 1, n.° 963.   ?

PHILIPPE (Maximus), ar. Grut. *ins.* p. 623, 5.

philippus, grf. Brac. ???

PHILISCUS, pe. Représenta un enfant qui soufflait le feu dans l'atelier d'un peintre. Pli. *l.* 35, *c.* 40, 38.   ?

PHILISCUS de Rhodes, sc. On avait de lui, dans le temple d'Apollon, des portiques d'Octavie, un Apollon en marbre, Latone, Diane, les neuf Muses, et un autre Apollon nu; le premier était donc drapé. Ne pourrait-ce pas être les Muses et l'Apollon Musagète du Vatican. — Une Vénus en marbre dans le temple de Junon, aux portiques d'Octavie. Pli. *l.* 36, *c.* 4, 10.   ?

philocalus, grf. Brac. ???

PHILISTON, gr. en médailles. Son nom est gravé sur le

casque de Pallas, de médailles de Vélia. HUNTER, *pl.* 61,
18, 19. WELCK. *Kstbl.* 18 *oct.* 1827.

PHILOCHARÈS, pe. PLI. *l.* 35, *c.* 10. | IV h

PHILOCLÈS Egypt. pe. PLI. *l.* 35, *c.* 5. | IX

PHILOCLÈS d'Acharné, ar. du nouveau temple de Minerve
Poliade. B. *c. inscr.* v. 1, n.° 160. | ?

PHILOMAQUE, sc. Peut-être le PYROMAQUE de Pline.
Voy. ce nom. Il avait fait une statue d'Esculape, SUIDAS,
au mot *Prusias.*

PHILOMUSUS (P. Cornel.), pe. scénique. MURAT. *nov.*
thes. 11, *p.* 948, 4. | ?

PHILON, st. PLI. *l.* 34, *c.* 19, 34. TATI. *contr. Gr. p.* 121.
Anth. gr. v. 111, *P.* 1, *p.* 192. SILLIG. | IV d

PHILON, ar. Peut-être le même que le Philon de Byzance,
qui, au second siècle avant notre ère, écrivit sur l'architecture deux livres qui existent encore. CICER. *orat.* 1, 14.
VITR. VII, *Præf.* §. 12. PLI. *l.* 7, *c.* 38. STRABON, IX,
p. 395. VAL.-MAX. VIII, 12. PLUT. *Sylla.* 14. Il avait fait,
à Athènes, un arsenal pour mille vaisseaux. SILLIG. | II ?

PHILOPINAX ou qui aime les tableaux ; nom, à ce qu'il paraît, inventé par Aristènæte, *epist.* 11, 10, pour un peintre
qui, de même que Pygmalion, devint épris de son ouvrage.

PHILOSTRATE (C. Fufius), grf. On lit ces noms, qui peuvent
être ceux du possesseur, sur une pierre gravée qui repré-
sente un cheval. *Spilsbury' gems.* n.° 31. SILLIG. | ?

PHILOTIMUS d'Egine, st. PAU. *Eli.* 2, *c.* 14, 5. MULL.
Ægi. p. 107. | ?

PHILOXÈNE d'Eretrie, pe. élève de Nicomaque. PLI. *l.* 35,
c. 36. | IV c

PHILOUMÈNE, st. ΦΙΛΟΥΜΕΝΟΣ ΕΠΟΙΕΙ. Zoëga, dans une lettre
du mois de juin 1808, rapporte que l'on trouva ce nom sur
la base d'une statue de la villa Albani, qui représentait un
homme vêtu d'une tunique à demi relevée, un genou en
terre, et qui paraissait du temps d'Hadrien. Cette statue,
en marbre pentélique, en avait pour pendant une autre
pareille, mais sans nom. WELCK. *Kstbl.* 15 *oct.* 1827. | ?

PHITÉUS, ar. qui écrivit sur le tombeau de Mausole, qu'il
avait construit avec Satyrus. VITR. VII, *præf.* §. 12. | IV c

PHOCAS, grf. ΦΟΚΑΣ. Pancratiaste. RASPE, 8001. Bas-Empire.

PHOCION, grf. WINCKELM. *t.* VI, *P.* 1, *p.* 110. — ?

PHOENIX, st. élève de Lysippe. PAU. *Eli.* 2, *c.* 15, 3. PLI. *l.* 34, *c.* 19, 20. — IV d

PHOENIX, ar. ? qui, selon Callisthènes, transporta, sous Ptolémée Philadelphe, à Alexandrie, un obélisque de 80 coudées, qu'avait fait tailler en Egypte le roi Nectanèbe. PLI. *l.* 36, *c.* 14, 3. — III c

PHRADMON d'Argos, st. PLI. *l.* 34, *c.* 19, *init.* PAU. *Eli.* 2, *c.* 8, 1. COLUMEL. x, 30. ANTH. PAL. IX, 743. — V d

PHRYGILLUS, grf. ΦΡΥΓΙΛΛΟΣ. Amour sortant d'un œuf. RASP. *pl.* 10, 411, n.° 6601. WINCKELM. *t.* 5, *p.* 256. LESSING. *epist. antiq. t.* 1, *p.* 145 (*Berol.* 1778). SILLIG.

PHRYLLUS, pe. PLI. *l.* 35, *c.* 36, 1. — V d

PHRYNON, st., élève de Polyclète. PLI. *l.* 34, *c.* 19, *init.* — IV a

PHYLOMAQUE, st. connu par une épigramme d'Apollonidas. ANTH. PAL. *append. t.* 2, *p.* 698. Il avait fait une statue de Priape à genoux, et près de lui une des Grâces. — ?

PICTOR. *Voy.* FABIUS.

PIGMON, grf. ΠΕΙΓΜΟ. Bacchantes ; musée de Florence. LANZI. *giornale di litterati, t.* 47, *p.* 144. WELCK. *Kstbl.* 18 *oct.* 1827. — ?

PINUS. *Voy.* CORNELIUS PINUS.

PISIAS, st. PAU. *Att. c.* 3, 4. THIERS. *ep.* 11, *adnot. p.* 32. Il fit pour le métroon, temple de la mère des dieux à Athènes, une statue d'Apollon, et celle de Jupiter *Boulæus* ou qui conseille. Il paraît que ces statues étaient en bois. — ? A

PISICRATES. *Voy.* TISICRATES.

PISON de Calaurie, élève d'Amphion, st. PAU. *Eli.* 2, *c.* 3, 2. *Phoc. c.* 9, 2. — IV a

PISTILLUS. Une petite figure ou statuette en terre cuite, du musée de Lyon, et dont le moule a été trouvé à Autun, porte l'inscription PISTILLVS FECIT. — ?

PISTON, st. PLI. *l.* 34, *c.* 19, 32. — III b

PLAUTIUS (Novius). On a trouvé sur un vase NOVIOS. PLAVTIOS. MED. ROMAI. FECIT. WINCKELM. *t.* 5, *p.* 290. Cette inscription annonce une époque assez ancienne. — ?

5.

PLISTÆNÈTE, pe., frère de Phidias. Plut. *de glor. ath.* t. vii, p. 363. | V d

PLOCAMUS, sc. Montf. *antiq.* v, 11, p. 11. | ?

PLOTARQUE. *Voy.* PROTARQUE.

POLÉMON d'Alexandrie, pe. Pli. l. 35, c. 40, 42. | ?

POLIS, st. Pli. l. 34, c. 19, 34. Il réussissait dans les statues d'athlètes, de chasseurs, de guerriers, de sacrificateurs. | ?

POLLION, grf. Brac. t. 2, p. 6. | ?

POLLIS, ar. Ecrivit sur son art. Vitr. vii, *præf.* §. 14. | ?

POLYCHARME, sc. Pli. l. 36, c. 4, 10. Il fit une Vénus au bain et une debout, qu'on voyait à Rome dans les portiques d'Octavie. Sillig. | ?

POLYCLÈS, st. | IV b

POLYCLÈS d'Athènes, st. Pli. l. 34, c. 19, *init.* c. 19, 20; l. 36, c. 4, 10. Paus. *Eli.* 2, c. 4, 3; c. 12, 3. *Phoc.* c. 34, 4. Il y a eu certainement deux Polyclès, mais on ne voit pas auquel des deux on doit attribuer les ouvrages cités par Pline et par Pausanias. Sillig. | II b

POLYCLÈS d'Adramytum, pe. Vitruve, iii, *præf.* §. 2, en parle comme d'un peintre de talent, mais peu favorisé par les circonstances, et il n'indique ni ses ouvrages ni son époque. | ?

Les fils d'un des deux POLYCLÈS firent, pour Elatée, la statue de Minerve Cranéa. Pau. *Phoc.* c. 35, 4. | ?

POLYCLÈTE d'Argos l'ancien, probablement le même que le Polyclète de Sicyone de Pline, st., élève d'Agéladas. Pli. l. 34, c. 19, *init.* 2 et 3; c. 5. Pau. *Cor.* c. 27, 5. *Eli.* 2, c. 2, 4; c. 4, 7; c. 7, 3; c. 9, 1; c. 13, 4. Cicer. *Brut.* 18. Quintil. xii, 10, *de Isocr.* p. 95. Auct. *ad Heren.* iv, 6. Plut. *symp.* 11, 3, *init.* Æl. V. H. xiv, 8, 16. Galien. Thiers. *ep.* 11, *adnot.* p. 62. Sillig. | V c d

POLYCLÈTE d'Argos le jeune, st., élève, et peut-être frère de Naucidès. Paus. *Cor.* c. 17, 4; c. 20, 1; c. 22, 8; c. 24, 6. *Eli.* 2, c. 6, 1. *Arc.* c. 31, 2. Dio. Chrys. *or.* 37, t. 2, p. 122. | IV a b

POLYCLÈTE de Thasos, pe. L'Anthologie palatine, t. 2, p. 633, cite de lui un tableau qui représentait Salmonée, et *Append.* P. 11, p. 671, on trouve une Polyxène immolée, peinte par un Polyclète ; mais peut-être, au lieu de ce nom, faudrait-il lire Polygnote de Thasos. *Voy*. Sillig. ?

POLYCLÈTE, cis. Fit pour un roi de Perse ou de Macédoine une très-belle lampe. Athén. *t.* 5, *p.* 206. Mart. viii, 51. Sillig. ?

POLYCLÈTE, grf. ΠΟΛΥΚΛΕΙΤΟΥ. Diomède enlevant le palladium. Stos. 54; Brac. *pl.* 96. ?

POLYCRATE, st. Pli. *l.* 34, *c.* 19, 34. Il fit des guerriers, des athlètes, des chasseurs et des sacrificateurs. Un fragment d'inscription, donné par Spon, *miscel. erud. antiq.*, a peut-être rapport à ce Polycrates. Sillig. ?

polycrate, grf. Brac. ???

POLYCRITE, ar. myth. Pseudo-Plut. *Quæst. gr.* 37, v. vii, *p.* 196.

POLYDECTE, sc. Pli. *l.* 36, *c.* 4, 11. I*

POLYDORE, st. Pli. *l.* 34, *c.* 19, 34; il traita les mêmes sujets que Polycrate. ?

polydore, st. Pli. *l.* 36, *c.* 4, 11. *Voy*. Agésandre. I*

POLYEUCTE, sc. Pseudo-Plut. *vit.* x, *orat. p.* 847, *p.* 266, *t.* 4, *ed. W*. Sillig. IV c

POLYGNOTE de Thasos, fils et élève d'Aglaophon, pe. et st. Pli. *l.* 35, *c.* 35; *c.* 40, *init. l.* 33, *c.* 56; *l.* 34, *c.* 19, 25; *l.* 35, *c.* 25. Pau. *Att. c.* 15, 3; *c.* 18, 1, 17, 2; *c.* 22, 3. *Bœot. c.* 4, 1. *Phoc. c.* 25, 31. Boettiger *Archæol. pict.* v. 1, *p.* 265-369. Sillig. V c

POLYIDUS, pe. et poète. Diod. Sic. xiv, 46. IV a

POLYSTRATE d'Ambracie, st. Il fit la statue de Phalaris, elle existait encore du temps de Tatien. *Adv. gr. p.* 118, 54. ?

polytimus, st. POLYTIMVS LIB sur la plinthe d'une statue de chasseur du musée du Capitole, *t.* 3, *pl.* 60. Visc. *mus. Pio Clém. l.* 3, *pl.* 41. Guattani. *Mon. ined.* 1787, *p.* 60. Welck. *Kstbl.* 15 oct. 1827. ?

polytimus, grf. ΠΟΛΥΤΕΙΜΟΥ, un Hercule. Gori. *Symb. litter.* t. 8, 1754, *p.* 119. Villoison, *Mém. de l'instit. t.* 2, *p.* 144. Welck. *Kstbl.* 18 oct. 1827.

POMPEIUS AGASIUS (Sextus), ar. Grut. *p.* 623, 5. I*

PORINUS. *Voy*. ANTISTATE.

POSIDONIUS d'Éphèse, st. cis. Pli. *l.* 33, *c.* 55; *l.* 34, *c.* 19, 34. I c

POSIS, plast. PLI. *l.* 35, *c.* 45. | I b

POSPHORUS (C. Julius), fils de Luciferus, ar. GRUT. *p.* 594, 4. SILLIG. Peut-être y a-t-il une faute dans l'inscription, et devrait-on lire PHOSPHORUS, ce qui cadrerait avec le nom de *Lucifer*, que portait le père de cet architecte. | ?

POSTHUMIUS (Caius), ar. REIN. *Cl.* XI, *p.* 616, n.° 22. | ?

POSTIMUS, ar. BRAC. ???

POTHÆUS. *Voy.* ANTIPHILUS. 2. | ?A

POTHINUS, st. Fit la statue d'un Cosmète, nommé Nymphodote, et la plaça dans une palestre. B. *c. inscr.* v. 1, n.° 270. | ?

PRAXIAS d'Athènes, élève de Calamis, sc. PAU. *Phoc. c.* 19, 3. | V c

PRAXITÈLE, st. Peut être de Paros. PROPERT. III, 7, 16. — PLI. *l.* 7, *c.* 38, *l.* 34, *c.* 19, *init.* 10, 28, *l.* 36, *c.* 5; *c.* 10, *l.* 35, *c.* 39; *c.* 40, 28. PAU. *Att. c.* 2, 3, 4; *c.* 20, 1; *c.* 23, 9; *c.* 40, 2; *c.* 43, 5, 6. *Cor. c.* 21, 10. *Eli.* 1, *c.* 17, 1. *Eli.* 2, *c.* 26, 6. *Arc. c.* 9, 1. *Bœot. c.* 2, 5; *c.* 11, 4; *c.* 27, 1, 4; *c.* 39, 3. *Phoc. c.* 37, 1. PLUT. *de Pyth. ora.* 15. ATHÉN. XIII, *p.* 585, 591, 605. VITR. VII, *Praef.* §. 13. CLÉM. *Alex.* v. 1, *p.* 21, 41. ATHÉNAG. *p.* 61. TATI. *p.* 115, 53, Luci. *Amor. t.* 2, *p.* 411, 414, 416, *Imagg. p.* 463. STEPH. BYZ. *s. v.* ἀλεξάνδρεια. STRAB. XIV, *p.* 641. QUINTIL. XII, 10. ANTHOL. PALAT. VI, 317. *Append. t.* 2, *p.* 664, 674, 676, 705. AMALTH. III, 299, 302. SILLIG. *Voy.* TIMARQUE et CÉPHISODOTE, fils de Praxitèle. | IV bc

PRAXITÈLE, pe. enc. PLI. *l.* 35, *c.* 39. Il ne me paraît pas démontré, que ce ne soit pas le grand Praxitèle qui s'occupait aussi d'encaustique, et qui a pu vivre jusqu'à l'époque d'Aristide, dont il aurait perfectionné les procédés. On a trouvé le nom de PRAXITÈLE sur la plinthe de la Vénus drapée, n.° 185 du Musée royal, ce qui indiquait sans doute que c'était une copie de quelque ouvrage de ce grand maître, peut-être de la Vénus de Cos. On sait d'ailleurs par les auteurs anciens, que l'on mettait souvent sur les statues, les noms de Phidias, de Praxitèle, de Myron, pour en augmenter la valeur. | IV c

PRAXITÈLE, cis. SCHOL. THÉOCR. v. 103. | III a ?

PRISCUS. *Voy.* ATTIUS.

PRISCUS, grf. Brac. ???

PRODORUS, st. pe. Pli. *l.* 34, *c.* 19, 25.

PROTARQUE, grf. ΠΡΩΤΑΡΧΟΣ. Amour sur un lion et jouant de la lyre. Stos. 54; Brac. *pl.* 97. ?

PROTOGÈNE de Caune en Carie, pe. Pli. *l.* 7, *c.* 39; *l.* 35, *c.* 36, 11, 20; *c.* 37. Stat.; Pli. *l.* 34, *c.* 19, 34; *l.* 36, *c.* 36, 20. Pau. *Att. c.* 3, 4. Quintil. xii, 10. Petron. *Satyr.* 84. IV cd

PTÉRAS, ar. myth. Il éleva dit-on, le temple d'Apollon à Delphes. Pau. *Phoc. c.* 5, 5. ? AA

PTIPHSAMUS, ar. Brac. ???

PTOLICHUS d'Egine, fils et élève de Sinoon, st. Pau. *Eli.* 2, *c.* 9, 1; *c.* 10, 2. V be

PTOLICHUS de Corcyre, élève de Critias, st. Pau. *Eli.* 2, *c.* 3, 2. V c

PUBLIUS, pe. Martial. 1, 109, dit qu'il peignit une très-jolie petite chienne, nommée Issa. ?

PYGMALION, st. mythol. Ovide. ???

PYLADES, grf. Jong. *Cat. mus. bat. p.* 167. ??

PYREICUS, pe. de genre habile, surnommé *Rhyparographe*, peintre de choses communes, ou *Rhopographe* selon Welcker. Philost. *p.* 396; il peignait des intérieurs de boutique de barbiers, de marchands de comestibles, de tailleurs, des ânes, etc. On voit à Pompéi et à Herculanum, des peintures qui sont dans le goût de celles de Pyreicus. Pli. *l.* 35, *c.* 37. Propert, iii, 9. ?

PYRGOTÈLE, grf. Pli. *l.* 7, *c.* 38; *l.* 37, *c.* 4. ΠΥΡΓΟΤΕΛΗΣ ΕΠΟΙΕΙ, tête d'Alexandre-le-Grand, dont il était graveur. Stos. 55; Brac. *pl.* 98, de Phocion. Stos. 56; Brac. *pl.* 99. Les noms et les têtes sont suspectes; le nom de Phocion est peut-être celui du graveur, et on aura ajouté depuis celui de Pyrgotèle, l'un des quatre habiles graveurs sur pierres fines, cités par Pline. IV d

PYRILAMPÈS de Messine, st. Pau. *Eli.* 2, *c.* 15, 1. Il fit pour Olympie la statue d'Archippus, vainqueur au pugilat, *c.* 16, 4; celle de Nicandre, vainqueur à la course, *c.* 3, 5; celle de Pyrilampès d'Ephèse, vainqueur au *dolique* ou longue course. ?

PYROMAQUE, st. PLI. *l.* 34, *c.* 19, *init.* 20, 23, 42. III ab

PYRRHON le Phil. d'abord. pe. DIO. LA. IX, §. 61. IV b

PYRRHUS, ar. *Voy.* LACRATÈS et HERMON. PAU. *Eli.* 2, *c.* 19, 5. ?

PYRRHUS, st. PLI. *l.* 34, *c.* 19. Il fit une Hygie et une Minerve. ?

PYTHAGORE de Rhégium, élève de Cléarque de Rhégium, st. PLI. *l.* 34, *c.* 19, 4. PAU. *Eli.* 2, *c.* 6, 1, 2; *c.* 7, 3; *c.* 13, 1; *c.* 18, 1. DIO. CHRYS. *or.* 37, *t.* 2, *p.* 106. TATI. *adv. gr. p.* 116, 53, *p.* 118, 54, et ANTH. PAL. *t.* 2, *p.* 782. V ab c

PYTHAGORE de Samos, pe. st. PLI. *l.* 34, *c.* 19, 4. C'est le Pythagore de Paros de Pausanias. *Bœot. c.* 35, 2. V cd

PYTHÉAS, cis. arg. PLI. *l.* 33, *c.* 55. I *

PYTHÉAS de Bura en Achaïe, pe. Il peignit des murailles, et fit à Pergame un éléphant. STEP. BYS. s. v. Βοῦρα. ?

PYTHEUS, ar. VITR. IV, 3, 1. ?

PYTHIAS, st. PLI. *l.* 34, *init.* II c

PYTHIS. st. PLI. *l.* 36, *c.* 4, 9. AMALTH. III, *p.* 286. IV c

PYTHIUS, ar. Il construisit à Priène le temple de Minerve. VITR. 1, 1, 12. ? AA

PYTHOAS d'Aptère en Crète, gr. en médailles. Son nom sur un des poissons qui entourent la tête d'Aréthuse, sur les beaux médaillons de Syracuse. HUNTER. *pl.* 52, 14. WELCK. *Kstbl.* 18 oct. 1827. ?

PYTHOCLÈS, st. PLI. *l.* 34, *c.* 19, *init.* II c

PYTHOCRITE, st. PLI. *l.* 34, *c.* 19, 34. Il fit des statues d'athlètes, de chasseurs, de guerriers, d'adorans, de sacrificateurs. ?

PYTHODICUS, pe. st. PLI. *l.* 34, *c.* 19, 25. ?

PYTHODORE de Thèbes, st. Il fit pour Coronée une Junon d'ancien style, qui tenait à la main des syrènes. PAU. *Bœot. c.* 34, 2. ? AA

PYTHODORE et ARTÉMON, st. PLI. *l.* 36, *c.* 4, 11. I *

PYTHODORE et CRATÉRUS, st. PLI. *l.* 36, *c.* 4, 11. I *

QUINTILIUS, grf. KYINTIA. Neptune. BRAC. *pl.* 100. ?

QUINTUS grf.... ΙΝΤΟΣ ΑΛΕΞΑ ΕΠΟΙΕΙ ; Quintus , fils d'Alexandre. Deux jambes, restes d'une figure. BRAC. *pl.* 8. ?
QUINTUS PLOTIUS , sc. B. C. *inscript.* v. 1 , *p.* 688, n.° 1460. ?

RABIRIUS , ar. MART. VII , 5. I *
RHÉGION , grf. cité par M. Mongès. ?
RHOECUS de Samos , fils de Philæus, st. HÉROD. III , 60. PLI. *l.* 35, *c.* 43; *l.* 36 , *c.* 19, 3. PAU. *Arc. c.* 14 , 5. *Bœot. c.* 41 , 1. *Phoc. c.* 38, 3. THIERS. *ep. art.* II, *adnot. p.* 56. WELCK. *Philostr. p.* 196. VII a ?
RHOLUS. Nom mal lu par RHOECVS.
RUFUS, pe. ANTH. PAL. XI, 233 , *t.* 2, *p.* 386. ?
RUFUS grf. ΡΟΥΦΟΥ — ΡΟΥΦΟΣ ΕΠΟΙΕΙ. Ptolémée VIII. RASP. 9823. L'aurore dans un quadrige. *Pierres grav. d'Orléans, t.* 1 , *p.* 195. ?
RUPIUS (Caius), pla. C. RUPIUS FINXIT , sur la base d'une jolie statue en terre cuite, trouvée à Pérouse en 1773. Nommé à tort dans Winckelm. FVFIVS. VERMIGLIOLI, *iscr. perug. p.* 466. WELCK. *Kstbl.* 15 oct. 1827. ?

SALPION d'Athènes , sc. Le nom de ce sculpteur se trouve sur le beau vase de Gaëte, en marbre de Paros, qui est au musée de Naples, il est ainsi écrit dans la description de cette belle collection par M. Finati, ΣΑΛΠΙΩΝ ΑΘΑΙΝΗΩΣ ΕΠΟΙΗΣΗ au lieu d'ΑΘΗΝΑΙΟΣ ΕΠΟΙΗΣΕ. Voy. *musée de Naples, pl.* 49.
SAMOLAS d'Arcadie , st. PAU. *Phoc. c.* 9, 3. IV a
SARNACUS , ar. VITR. VII, *præf.* §. 14. ?
SATUREIUS, cis. grf. Il grava le portrait d'une Arsinoé sur du cristal de roche. ANTH. PAL. IX, 776. ?
SATYRUS , ar. VITR. VII, *præf.* §. 12. IV c
SATYRUS d'Alexandrie , ar. PLI. *l.* 35, *c.* 14, 3. III c
SAURIAS de Samos. Selon Athénagore , *p.* 59, il inventa le dessin, en traçant au soleil le contour de l'ombre ou la silhouette, σκιαγραφία, d'un cheval. ? AAA
SAURUS. *Voy.* BATRACHUS.
SCOPAS de Paros, sc. PLI. *l.* 34 , *c.* 19, *init.* 33 ; *l.* 36, *c.* 4, 5, 7, 9; *c.* 21. CICER. *div.* 1 , 13. STRAB. XIII, 604, 640. PAU. *Att. c.* 43 , 6. *Cor. c.* 10, 1; *c.* 22 , 8. *Arc.*

c. 28, 1; c. 45, 1, 4. *Bœot.* c. 17, 1; c. 10, 2. Luci. *lexiph.* 12, p. 335. Anth. pal. x, p. 774, *append.* Anth. pal. t. 11, p. 642, 684. Amalth. t. 11, p. 237, t. III, *præf.* p. x, 285. Sillig. | IV ab

SCOPAS, st. On trouve dans Pline, *l.* 34, *c.* 19, *init.*, parmi les artistes ou les statuaires qui ont fleuri dans la 87.ᵉ olymp. *Gorgias, Lacon, Myron, Pythagoras, Scopas, Parelius.* Comme s'il y eût eu un Gorgias, un Lacon, un Scopas, un Parelius; mais il paraît que les copistes ont séparé, par des virgules, des noms qui devaient être unis, et que Gorgias était Laconien ou de Lacédémone. Sillig pense que ce Scopas était Eléen, *Elius*; mais je croirais volontiers qu'il faut lire *Paralius*, et qu'il était de la partie maritime de l'Attique nommée *Paralia. Voy.* Heyne *antiq. aufs.* 1, p. 234. Bœtt. *Andeut.* p. 153. Fea, *notes sur Winckelm.* t. 2, p. 197. Thiers. *ep.* 11, *adnot.* p. 31. Sillig. | V d

scopas, grf. ΣΚΟΠΑ. Apollon Citharède; cabinet de Cortone. Amaduzzi, *mem. dell'academ. di Cortona,* t. 9, p. 155. Welck. *Kstbl.* 18 oct. 1827. | ?

scylax, grf. ΣΚΥΛΑΚΟΣ. Tête d'aigle. Stos. 59. Hercule musagète. Brac. *pl.* 102. Tête de satyre, *id. pl.* 101. *Col. Strozzi.* Tête d'aigle, *id. pl.* 103. | ?

SCYLLIS, st. *Voy.* DIPOENUS. | V b

SCYMNUS, st. cis. élève de Critias. Pli. *l.* 34, *c.* 19, 25. | V c

seleucus, grf. ΣΕΛΕΥΚ. Tête de silène. Stos. 84. Brac. *pl.* 104. | ?

SENNAMAR, ar. | V *

SEPTIMIUS, ar. qui écrivit sur son art. Vitr. vii, *præf.* §. 14. Sillig. | ?

SERAMBUS d'Egine, st. Il fit la statue de l'athlète olympionique Agiadas. Pau. *Eli.* 2, *c.* 10, 2. | ?

SERAPIO, pe. Il peignit avec succès des décorations de théâtre. Pli. *l.* 35, *c.* 37. | ?

SERAPIO (M. Rapilius), sc. Il remettait des yeux aux statues. Gori. *Columb.* p. 157. | ?

servilius (Marcus), grf. Brac. ???

SICON. *Voy.* SIMMIAS.

SILANION d'Athènes, st. Il n'eut pas de maître. Pli. *l.* 34, *c.* 19, *init.* 21. Pau. *Eli.* 2, *c.* 4, 3; *c.* 14, 1, 3. Plut. *de aud. poet. ed. Hutt. t.* vii, *p.* 69. *Quæst. symp. t.* viii, *ed. R. p.* 680. *Thes.* 4. Dio. Lae. iii, §. 25. Tati. *adv. Gr. p.* 113, 114. Cicer. *verr.* iv, 57, §. 125, 126. Sillig. | IV d

SILANION, ar. écrivit sur les ordonnances. Vitr. vii, *præf.* §. 14. | ?

silbanus, grf. Brac. ???

SILÉNUS, ar. écrivit sur l'ordre dorique. Vitr. vii, *præf.* §. 12.

SILLAX de Rhegium, pe. Athén. v. *p.* 210. | I

SIMÉNUS, st. Pli. *l.* 34, *c.* 19, 34, dit qu'il fit en bronze des statues de guerriers, d'athlètes, de chasseurs, de sacrificateurs. | ?

SIMMIAS, st. fils d'Eupalamus. Il fit en pierre, probablement poreuse, et que sa légèreté faisait appeler *phella*, liége, une statue de Bacchus Morychus, Zenobius, v. 13. Ce Simmias est nommé à tort Sicon dans Clem. alex. *Protr. p.* 31, *édition* de Sylburge, qui y a substitué le nom de SIMON. Thiers. *ep.* 11, *adnot. p.* 33. Mull. *Ægin. p.* 104. Sillig. | ?▲▲▲

SIMON d'Egine, st. Pli. *l.* 34, *c.* 19, 33. Pau. *Eli.* 1, *c.* 27, 1. Dio. Lae. ii, 123. | V b

SIMON. *Voy.* SIMMIAS.

SIMONIDES, pe. Il peignit un Agatharque qu'on ne connaît pas, et Mnémosyne. Pli. *l.* 35, *c.* 40, 39. | ?

SIMUS, pe. Pli. *l.* 35, *c.* 40, 39. Il peignit un jeune homme qui se reposait dans l'atelier d'un foulon, belle Némésis, et une scène des quinquatres, fêtes romaines, consacrées au repos. Il se pourrait que *quinquatrùs celebrantem* se rapportât à *Juvenem requiescentem*, ainsi qu'au lieu de deux tableaux, ce n'en fût qu'un, et que le jeune homme représenté par Simus, célébrât ses quinquatres en se reposant, etc., ce ne serait alors qu'une plaisanterie de Pline. | ?

SIMUS de Salamine, fils de Thémistocrate, sc. Ce nom n'est connu que par une inscript. du Mus. roy. n.º 676, qui avait appartenu à une statue de Bacchus. | ?

SIOBOETHUS. *Voy.* BOETHUS.

slecas, grf. ΣΛΕΚΑΣ. Gladiateur rudiaire. Brac. *pl.* 44. Ce nom est incertain, et ne pourrait-ce pas être ΟΝΕΣΑΣ? | ?

SMILIS d'Egine, fils d'Euclidès, sc. en bois, prétendu chef

de l'école de Sicyone. Pau. *Eli.* 1, *c.* 17, 1. *Eli.* 2, *c.* 4, 4. Clem. Alex. *Protr. p.* 13, 51. Callim. *ap. Euseb. prep. evang.* III, 8. Athenag. *leg. p.* 61. Thiers. *ep.* 1, *adnot. p.* 7. Mull. *Ægin. p.* 98. Selon ce dernier, il y aurait eu deux Smilis, un très-ancien, et un second qui l'était beaucoup moins. Sillig.   XI ??

sô..... ΣΩ. *Voy.* mi.

SOCRATE de Thèbes, sc. Pau.   V b

SOCRATE le philosophe, fils de Sophronisque, avait été habile sculpteur, Pli. *l.* 36, *c.* 4, 10. Pau. *Att. c.* 22, 8. *Bœot. c.* 35, 2.   V d

SOCRATE, pe. élève de Pausias. Pli. *l.* 35, *c.* 40, 31.   III a

SOIDAS. *Voy.* MENÆCHME.   V b

solon, grf. ΣΟΛΩΝ ΕΠΟΙΕΙ et ΣΟΛΩΝΟΣ, tête de Mécène ou de Cicéron. Stos. 62; Brac. *pl.* 105. Cupidon; Brac. *pl.* 106. Tête de Méduse. Stos. 63; Brac. *pl.* 107. Coll. Strozzi. Diomède; Brac. *pl.* 108. Siècle d'Auguste. Winckelm. *t.* vi, P. 1, *p.* 223. Lewezow, *sur l'enlèvement du palladium, en allemand, p.* 39.   I d

SOMIS, st. Il fit la statue de l'athlète olympionique Proclès d'Andros. Pau. *Eli.* 2, *c.* 14, 5.   ?

SOPHRONISCUS d'Athènes, père de Socrate, sc. Dio. Lae. II, *vit. Socr. init.* Val. Max. III, 4a   V b

SOPOLIS et SOPYLUS. *Voy.* DIONYSIUS 4.   I

SOSIBIUS d'Athènes, sc. Son nom se trouve sur un beau vase en marbre du Mus. roy. n.° 332, orné d'un très-joli bas-relief.   ?

sosiclès, sc. ΣΩΣΙΚΛΗ.... Sur une amazone du musée capitolin, v. III, *pl.* 46. Meyer *ad Winckelm. t.* 4, *p.* 355. Sillig.   ?

sosiclès ou sosoclès. *Voy.* sosthènes.

sosion. *Voy.* so.

sosthènes, grf. On trouve sur une pierre gravée de la collection Strozzi, qui représente une tête de Méduse, le mot ΣΩΣΟΣΝ que Bracci lit ΣΩΣΟΚΛΗΣ, mais qui, à ce qu'il paraît, doit être lu ΣΩΣΘΕΝ, Sosthènes. Brac. *pl.* 109.   ?

SOSTRATE, st. neveu et élève de Pythagore de Rhégium. Pli. *l.* 34, *c.* 19, 5.   V c

SOSTRATE de Chio, père et maître de Pantias, st. Pau. *Eli.* 2, *c.* 9, 1.   V d

SOSTRATE de Cnide, st. ar. Pli. *l.* 34, *c.* 19, *init. l.* 36, *c.* 18. Suidas. et Steph. Byz. s. v. φάρος. Strab. xviii, *p.* 791. Luci. *de conscrib. hist. t.* 2, *p.* 69, *ed. Wetst.* Sillig. | IV d

sostrate, grf. ΣΩΣΤΡΑΤΟΥ; Victoire dans un bige. Raspe, n.° 7774; fragment d'un Cupidon domptant deux lionnes attelées à un char. Stos. 82; Brac. *pl.* 110. Méléagre et Atalante. Brac. *pl.* 111. Le sotrate grf. que l'on trouve aussi dans Bracci, est sans doute le même que ce Sostrate. | ?

SOSUS, pe. en mosaïque. Pli. *l.* 36, *c.* 60. Il fit de très-beaux pavés en mosaïque, et parmi ses ouvrages, on admirait des colombes placées sur le bord d'un canthare, et dont l'une buvait tandis que les autres épluchaient leurs plumes au soleil : jolie composition que rapellent les colombes du Capitole, l'une des plus belles mosaïques antiques qui nous soient parvenues. | ?

SOTER, pe. (Tib. Claudius). Maffei, *Inscr. Mus. Veron. p.* 257.

sotrate, grf. *Voy.* sostrate 4.

ΣΩ, sur des médailles de Syracuse, peut être ΣΩΣΙΩΝ, SOSION, grf. Noehden, *selection of ancient coins, p.* 49. Sillig. | ?

SPINTHARUS de Corinthe, ar. Pau. *Phoc. c.* 5, 5. | V d

SPITYNCHAS, grf. Etrusque. Gori. *Gemm. etrus. t.* 2, *pl.* 9, n.° 1. | ?

STADIÆUS d'Athènes, st. maître de Polyclès. Pau. *Eli.* 2, *c.* 4, 3. | II a

STADIÆUS, pe. élève de Nicosthènes. Pli. *l.* 35, *c.* 40, 42. | ?

STALLIUS (Caius et Marcus), avec MÉNALIPPE, ar. élevèrent à Athènes une statue au roi Ariobarzanes Philopator. B. *c. inscr.* v. 1, n.° 357. | I A

STASICRATE. *Voy.* DINOCRATE.

STÉPHANUS, sc., élève de Pasitèles et maître de Ménélaüs. Pli. *l.* 36, *c.* 4, 10. Ses Hippiades étaient célèbres dans la collection d'Asinius Pollion. On a trouvé son nom sur la base d'une statue, ΣΤΕΦΑΝΟΣ ΠΑΣΙΤΕΛΟΥΣ ΜΑΘΗΤΗΣ ΕΠΟΙΕΙ. Marini, *iscr. della v. Alb. p.* 174. | I d ?

STHÉNIS d'Olynthe, st. Pli. *l.* 34, *c.* 19, *init.* 33. Paus. *Eli.* 2, *c.* 16, 7; *c.* 17, 3. Plut. *Lucul.* 28. Strab. xii, *p.* 822, *ed. alm.* Spon. *miscel.* etc., *p.* 126. Sillig. | IV d

STIPAX de Chypre, st. Pli. *l.* 34, *c.* 19, 21.   **V c**

STOMIUS, st. Pau. *Eli.* 2, *c.* 14, 5.   **V a**

STRATON, sc. Paus. *Cor. c.* 23, 4. Il fit avec XÉNO-
PHILE, pour le temple d'Argos, les statues en marbre, ou le groupe d'Esculape et d'Hygie, auprès desquels ces sculpteurs placèrent leurs statues.   **?**

STRATONICUS, st. cis. Pli. *l.* 33, *c.* 55; *l.* 34, *c.* 19, 23, 25, 33. Athén. *Casaub.* xi, *c.* 4, *t.* 2, *p.* 493.   **III a**

STRONGYLION, st. Pli, *l.* 34, *c.* 19, 21. Pau. *Att. c.* 40, 2. *Bœot. c.* 30, 1.   **IV d ?**

SYADRA, st. et CHARTAS. *Voy.* ce dernier.   **VI c**

SYMPHORIEN, st. Orl. ?   **III ***

SYNOON d'Egine, st. élève d'Aristoclès de Sicyone le jeune, et père de Ptolichus. Pau. *Eli.* 2, *c.* 9, 1.   **V a b**

SYROPERSA, pe. Cedren.   **V ***

TALIDÈS, pe. Son nom sur un vase peint. Millin, *Peintures de vases*, etc. *t.* 2, *pl.* 61. ΤΑΛΕΙΔΕΣ ΕΠΟΙΕΣΕΝ.   **?**

TALUS ou ATTALUS, neveu de Dédale l'ancien, st. Diod. Sic. ???

TARCHÉSIUS, ar. Vitr. iv, 3, 1. Il niait que l'ordre dorique convînt aux édifices sacrés. Il paraît ancien.   **? A**

TAURISCUS de Tralles, sc. frère d'Apollonius I, fit avec lui le grouppe connu sous le nom de Taureau Farnèse. Pli. *l.* 36, *c.* 4, 10.   **I * ?**

TAURISCUS, pe. Pli. *l.* 35, *c.* 40, 40. Il y avait de lui une Clytemnestre, un Discobole, un jeune Pan, Capanée, probablement renversé des murs de Thèbes, et Polynice, marchant à la conquête de son trône.   **?**

TAURISCUS de Cyzique, cis. Pline, *l.* 33, *c.* 55, le met au rang des ciseleurs célèbres, sans citer ses ouvrages.   **?**

TAURISCUS, sc. B. *c. inscr.* v. 1, *p.* 710, n.° 1537.   **?**

TECTÉE, st. nommé IDECTÉE par Athénagore, *c. Gr. p.* 293. *Voy.* ANGÉLION.   **VI c**

TÉLÉCLÈS, st. ar. de Samos, fils de Rhœcus, et frère de Théodore l'ancien. Pau. *Arc. c.* 14, 5. Diod. Sic. 1, 98. Hesych. milesivs. — Athénag. *leg. p.* 293. Thiers. *ep.* 11, *p.* 34, 56. Mul. *Ægin. p.* 99. Sillig.   **VII a ?**

TÉLÉCLÈS de Samos le jeune, st. *Voy*. Sillig. | VI b

TÉLÉPHANE de Sicyone, pe. Pli. *l*. 35, *c*. 5. | IX a?

TÉLÉPHANE phocéen, st. Pli. *l*. 34, *c*. 19, 9. | V a

TÉLÉSARCHIDÈS, sc. Il fit pour un des deux céramiques, à Athènes, un Mercure à quatre têtes ou à quatre faces. Eustat. *Il*. Ω. 333, *p*. 1353, 8. | ?

TÉLÉSIAS d'Athènes, st. Il y avait de lui, selon Philochore, à Ténos, des statues d'Amphitrite et de Neptune de neuf coudées de haut. Clem. al. *Protrep. p*. 18. | ?

TÉLESTAS. *Voy*. ARISTON 3.e.

TÉLOCHARÈS. *Voy*. LÉOCHARÈS.

teucer, grf. ΤΕΥΚΡΟΥ. Hercule et Iole. Stos. 68; Brac. *pl*. 112. Un Faune, Achille, *id. t*. 2, *p*. 284. | ?

TEUCER, cis. Pline, *l*. 33, *c*. 55, dit qu'il était *Crustarius*; et il paraît que l'on entendait par *Crustæ* des ornemens en or ou en argent, qui pouvaient s'appliquer sur des vases de métal, et qu'on ôtait à volonté; Verrès les recherchait avec soin. | ?

TEUSIALÈS, sc. Il fit la statue du rhéteur Hypéride. Spon. *miscel*. etc., *p*. 137. | ?

TEUSIATÈS. *Voy*. ZEUXIADÈS.

THALÈS de Sicyone, pe. Dio. La. 1, 38. | ?

thamyrus, grf. ΘΑΜΥΡΟΥ. Sphinx qui se gratte. Stos 11.; Brac. *pl*. 113.

THÉOCLÈS de Lacédémone, sc., fils d'Hégilus, élève de Dipœne et de Scyllis. Paus. *Eli*. 1, *c*. 17, 1. *Eli*. 2, *c*. 19, 5. | VI c

THÉOCOSME de Mégare, st. Paus. *Att. c*. 40, 3. *Phoc. c*. 9, 4. | V d

THÉOCYDÈS, ar. Vitr. vii, *præf*. §. 14. | ?

THÉODORE de Samos l'ancien, st. fils de Rhœcus, et frère de Téléclès l'ancien. Diod. Sic. 1, 98. Pli. *l*. 7, *c*. 57; *l*. 34, *c*. 19, 22; *l*. 35, *c*. 43. Pau. *Arc. c*. 14, 5. *Bœot. c*. 41, 1. *Phoc. c*. 38, 3. Dio. La. *l*. 11, §. 103. Athénag. *legat. p*. 293. Hesych. miles.— Thiers. *ep*. 11, *p*. 34. Mul. *Ægin. p*. 99. Sillig. | VII a?

THÉODORE de Samos, le jeune, fils de Téléclès le jeune, cis. arg. Herod. iii, 41. Pau. *Arc*. 14, 5. *Phoc. c*. 38, 3.

ATHÉN. XI, *p.* 514. LESSING. *epist. antiq. t.* 1, *p.* 156. THIERS. *ep.* 11, *adnot. p.* 57. SILLIG. | VI c d

THÉODORE, pe. élève de Nicosthènes. PLI. *l.* 35, *c.* 40, 42. | ?

THÉODORE phocéen, ar. Il écrivit sur le *tholus*, partie du temple de Delphes. VITR. VII, *præf.* §. 12. | ?

THÉODORE de Thèbes, st. DIO. LA. *Aristip. fin.* | ?

THÉODORE, pe. cité par Polémon dans DIO. LA. *Aristip.* | ?

THÉODORE d'Athènes, pe. cité par Ménodote. DIOD. LA. *ibid.* | ?

THÉODORE d'Ephèse, pe. cité par Théophane, dans son ouvrage sur la peinture ou le dessin. DIO. LA. *ibid.*

THÉODORE, pe. PLI. *l.* 35, *c.* 40, 40. Il se pourrait que ce fût un de ceux que cite Diogène Laërce. | III a

THÉODORE d'Argos, sc. Il paraîtrait qu'il fit la statue d'un Nicias Andronis, consacré à plusieurs divinités par les Hermionéens. B. *c. inscr.* v. 1, *p.* 595, n.° 1197.

THÉOMNESTE de Sardes, st. PLI. *l.* 34, *c.* 19, 34. PAUS. *Eli.* 1, *c.* 15, 2. Il fit des statues d'athlètes, de chasseurs, de sacrificateurs, de guerriers, et celle d'Agélas, vainqueur du pugilat parmi les enfans. | ?

THÉOMNESTE, pe. PLI. *l.* 35, *c.* 36, 21. | IV d

THÉON de Samos, pe. PLI. *l.* 35, *c.* 40, 40. QUINTIL. XII, 10. ÆLI. v. h. 11, 44. | IV c d

THÉOPROPUS d'Egine, st. PAU. *Phoc. c.* 9, 2. Il fit pour les Corcyréens un bœuf en bronze, qu'ils consacrèrent à Delphes. | ?

THÉRICLÈS de Corinthe, habile potier. BENTLEY. *opusc. philol. p.* 11 et 216. SILLIG. | IV d a

THÉRIMAQUE, st. pe. avec ECHION. PLI. *l.* 34, *c.* 19, *init. l.* 35, *c.* 36, 9. | IV c

THÉRON de Bœotie, st. PAU. *Eli.* 2, *c.* 14, 5. Il fit la statue de Gorgus messénien, vainqueur au pancrace, à Olympie. | ?

THRASON, st. PLI. *l.* 34, *c.* 19, 34. Il fit en bronze des statues d'athlètes, de guerriers, de chasseurs, de sacrificateurs. STRABON, *l.* XIV, *p.* 641, parmi les offrandes du temple d'Ephèse, cite de Thrason la fontaine Hécatésius, Pénélope et Euryclée. SILLIG. | ?

THRASYMÈDES de Paros, st., fils d'Arignotus. On montrait de lui, dans le temple d'Esculape, à Epidaure, la statue de ce Dieu en or et en ivoire. Il était assis sur un trône, tenant d'une main son bâton, et de l'autre il s'appuyait sur la tête d'un serpent; auprès de lui était couché un chien. Paus. *Cor. c.* 27, 2, et la note de Siebelis. | ?

THYLACUS, st. frère d'Onæthus. Pau. *Eli.* 2, *c.* 23, 4. | ?

THYMILUS, sc. Pau. *Att. c.* 20, 1. Il fit un Amour debout près de Bacchus, et un Bacchus dans un des temples de la rue des Trépieds à Athènes. | ?

TICHICUS, ar. Donati. *inscr. supplem. p.* 203, 2. | I *

TIMÆNÈTE, pe. Il peignit un athlète dans un petit édifice, à gauche des Propylées à Athènes. Pau. *Att. c.* 22, 6. | ?

TIMAGORAS de Chalcis, pe. Pli. *l.* 35, *c.* 35, 35. | V c

TIMANTHES de Cythnos, pe. Cicer. *Brut.* Pli. *l.* 35, *c.* 36, 3, 6. Phot. *t.* 1, *p.* 146, *ed. Bekker.* Tzetz. *chil.* VIII, 198. | IV a

TIMANTHES, pe. Plut. *arat.* 32. | III c

TIMARCHIDES d'Athènes, st. sc. Pli. *l.* 34, *c.* 19, 34; *l.* 36, *c.* 4, 10. Paus. *Phoc. c.* 34, 3. *Amalth.* v. 111, *p.* 291. | II c

TIMARÈTE, pe., fille de Micon le jeune. Pli. *l.* 35, *c.* 9, 35. Elle peignit une Diane; ce tableau passait à Éphèse pour être très-ancien. | ?

TIMARQUE, st. fils de Praxitèle. Pli. *l.* 34, *c.* 19, *init.* | III a

TIMOCLÈS, st. Pli. *l.* 34, *c.* 19, 34. Il travailla avec Timarchidès. | II c

TIMOCRATÈS. *Voy.* DINOCRATÈS.

TIMOMAQUE de Byzance, pe. Pli. *l.* 7, *c.* 39; *l.* 35, *c.* 40, 30, 41. Philostr. *Apoll. tyan.* 11, 10. Ovid. *trist.* 11, 525. Append. *Anthol. pal. t.* 11, *p.* 648, 664, 667. Auson. *epig.* 22. Heyn. *prisc. art. opp. ex epigg. etc. p.* 114. Sillig. | I b

TIMON, st. Pli. *l.* 34, *c.* 19, 34. Il s'exerça sur les mêmes sujets que Thrason. | ?

TIMOTHÉE, sc. st. Pli. *l.* 34, *c.* 19, 34; *l.* 36, *c.* 4, 10. Pau. *Cor. c.* 32, 3. Vitr. VII, *præf.* §. 13. | IV c

TISAGORAS, st. en fer. Il fit Hercule combattant l'hydre. Pausanias, *Phoc. c.* 18, 5, en fait l'éloge. | ?

TISANDRE, st. Pau. *Phoc. c.* 9, 4. | IV a

TISIAS, st. Pline, *l.* 34, *c.* 19, 34, en parle comme de Timon. | ?

TISICRATE de Sicyone, élève d'Euthycrate, fils de Lysippe, st. Pli. *l.* 34, *c.* 19, 8, 32. — III a

TITIUS, sc. Brac. Son nom s'est trouvé sur la base d'une statue, TITIVS FECIT. Boissard, *antiq. et inscr. part.* III, *fig.* 132. — ?

TLÉPOLÈME de Cibyre en Phrygie, pe. frère de Hiéron, modeleur en cire. Cicer. *verr.* 4, 13. — I c

TROPHONIUS. *Voy.* AGAMÈDES.

tryphon, grf. ΤΡΥΦΩΝ ΕΠΟΙΕΙ. Les noces de l'Amour et de Psyché, camée du duc de Malborough, et qui avait appartenu au comte d'Arundel. Stos. 94; Brac. *pl.* 114. — ?

TURIANUS de Frégelles en Étrurie, pla. Pli. *l.* 35, *c.* 45. Il m'est impossible d'admettre la leçon que voudrait introduire M. Sillig. *Cat. append. p.* 484. — VI a

TURNUS, st. Il fit une statue de la courtisane Laïs. Tati. *adv. gr. p.* 121. — IV

TURPILIUS de Venise, Pli. pe. *l.* 35, *c.* 7. — I*b

TYCHIUS, ouvrier en métaux cité par Homère. ???

VALÉRIUS d'Ostie, ar. Pli. *l.* 36, *c.* 24, 1. — I c

VARRIUS (K. Æmilius), ar. Donati. *inscri. suppl.* 1, *p.* 38, 1. — ?

VITALIS (Tib. Claudius), ar. Montf. *antiq. t.* v, *p.* 95, *pl.* 87. — ?

VITELLIANUS (Sex. Veianus), ar. Doni. *inscr. antiq. p.* 317, 6. — ?

VITRUVIUS (Marc. V. Pollio), ar. — I c d

VITRUVIUS (Lucius. V. Cerdo). Grut. *inser. p.* 18, 6, 4. — I*

VOLACINUS, ar. Murat. *nov. thes.* 11, *p.* 976, 4. — ?

VOSPORUS, ar. Brac. ???

XA ou ΞA. *Voy.* Sô ou ΣΩ.

XÉNOCLÈS d'Athènes, ar. Plut. *Pericl.* 13. — V c

XÉNOCRATES, st. élève d'Euthycrate ou de Tisicrate. Pli. *l.* 34, *c.* 19, 23. — III b

XÉNOCRITE. *Voy.* EUBIUS.

XÉNON de Sicyone, élève de Néoclès, pe. Pli. *l.* 35, *c.* 40, 42. — ?

XÉNOPHANTE, st. fils de Charès. B. *c. inscr.* v. 1, n.º 336. | II*b

XÉNOPHILE. *Voy.* STRATON.

XÉNOPHON d'Athènes, st. travailla avec Céphisodote I. Pau. *Bœot. c.* 16, 1. *Arc. c.* 30, 5. | IV b

XENOPHON de Paros. st. Dio. Lae. 11, 59. | ?

zénas, sc. fils d'un Alexandre. ΖΗΝΑΣ ΑΛΕΞΑΝΔΡΟΥ ΕΠΟΙΕΙ, sur un buste du musée du Capitole, selon Bracci, *t.* 2, *p.* 275. | ?

ZÉNODORE, st. Pli. *l.* 34, *c.* 18. Thiers. *ep.* III, *adnot. p.* 102. | I*b c

ZÉNON d'Aphrodisias, sc., fils d'Atinés. Winckelm. *t.* vi, *P.* 1, *p.* 278; *P.* 11, *p.* 341; *t.* vii, *p.* 237, et les notes de Meyer et de Schutze. | I*d a

ZEUXIADÈS, st., élève de Silanion. D'un passage fautif de quelques manuscrits de Pline, *l.* 34, *c.* 19, *init.*, on avait fait de ce nom deux statuaires, ZEUXIS et IADES; M. Sillig a rétabli la vraie leçon. | III a

ZEUXIADÈS, sc. On a trouvé ce nom sur la base d'un Hermès sans tête de l'orateur Hypérides, qui est à la villa Massimi. On l'avait lu TEUSIADÈS; mais Visconti pense que ce doit être ZEUXIADÈS. | IV b

ZEUXIPPE d'Héraclée, pe. Plat. *Protagor. p.* 318. B. *c. inscr.* v. 1, *p.* 603, n.º 1229. | IV a

ZEUXIS d'Héraclée dans la grande Grèce, élève de Démophile d'Himère et de Néséas de Thasos, pe. pla. Plin. *l.* 35, *c.* 9. Cicer. *Brut.* 18, *orat.* 111, 7, *de invent.* 11, 1. Val.-Max. 111, 7. Quintill. xii, 10. Dion. Hal. *t.* 5, *p.* 417, *ed.* R. Æli. v. h. 11, 2; IV, 12; XIV, 47. Petron. 84, *p.* 410. Stob. *serm.* 61. Luci. *Timon. p.* 128, *ed.* Hemster. Zeux. *t.* iv, *p.* 128. Plut. *Pericl.* 13, *de amicor. mult. t.* vii, *p.* 293, *ed.* Hutt. Tzetz. *chil.* viii, 196, 198. Bœttig. *Peintures des vases*, *P.* iii, *p.* 148. Sillig. | IV a

ZEUXIS. *Voy.* ZEUXIADÈS.

ZMILUS. *Voy.* SMILIS.

ZOPYRUS, cis. arg. Pli. *l.* 33, *c.* 55. | I c

ZOSIME (M. Canuleius). Grut. *inscr. p.* 639, 12. On en fait un grand éloge. | ?

ADDITIONS ET CORRECTIONS.

AGATHOCLÈS, fit le *donarium* ou l'offrande consacrée par Philoxène dans le parthénon, et qui pourrait être une statue.? B. *c. inscr.* v. 1, n.° 480.   ?

APELLIUS, st. Brunck. *anal.* v. 2, *p.* 15.   ?

ARCHIAS, st. tor. On avait de sa main, et consacré par lui au Pirée, un Palladium d'ivoire, revêtu d'or, dont le bouclier était doré. B. *c. inscr.* v. 1, n.° 150, *l.* 42. Welck. *Kstbl.* 15 oct. 1827.   ?

ARISTODICUS, *ajoutez* B. *c. inscr.* v. 1, n.° 25.

ARISTONIDAS, père d'OPHÉLION, *Mus. roy.* n.° 150, était probablement statuaire. Son nom est écrit avec deux Σ. *Voy.* OPHÉLION; ASSTÉAS et ASSTRAGALUS.   ?

athénée, pla. AΘHNAIOY. On a trouvé son nom sur un *antéfixe*, modelé avec goût. B. *c. inscr.* v. 1, n.° 542. On sait que l'on donne le nom d'*antéfixe* à des tuiles qui s'élevaient comme de petits frontons le long du bord inférieur des toits, et qui étaient ornées de palmettes, de masques, ou d'autres objets, que Pline, *l.* 35, *c.* 43, appelle *personæ tegularum*, et ces antéfixes étaient des *tegulæ personatæ*, ou des *laterculi frontati* ou *personati*, *c.* 46.   ?

ATTALUS. On a déterré à Argos, près du théâtre, une statue, que M. Bœckh, *c. inscr.* v. 1, n.° 1146, est porté à croire un Apollon fait par Attalus d'Athènes, dont parle Pausanias. *Voy.* ATTALUS.   ?

ATTICUS, st. fils d'Eudoxe de Sphette, fit une statue que le sacré collége d'Eleusis éleva à M. *Aurelius Lithophore.* B. *c. inscr.* v. 1, n.° 399.

BOETHUS, *ajoutez* de Carthage.

CALLICRATE de Lacédémone, *ajoutez à la fin* Athén. t. 2, *p.* 493.

CLÉON, fils de Périclidas, ar. lacédémonien, construisit, à ce qu'il paraît, un temple consacré à Lycurgue, à Sparte. B. *c. inscr.* v. 1, n.° 1458.   ?

CRESSIDAS de Cydonie. *Voy.* ce nom. On pourrait croire qu'une offrande consacrée chez les Hermioniens, par un Alexias, était une statue de Cérès Chthonia de la main de ce statuaire. B. *c. inscr.* v. 1, n.° 1195.   ?

DÉMÉTRIUS, fils de Démétrius, fit une statue, que les Lacédémoniens érigèrent à un Paulin. B. c. inscr. v. 1, n.° 1330. ?

DÉMÉTRIUS 4.e, *ajoutez à la fin.* B. c. inscr. v. 1, p. 451, n.° 1330; p. 675, n.° 1409.

DINOMÉNÈS, *l.* 4, *lisez* DINOMÉNÈS *au lieu de* DINOMÉDÈS. Peut-être l'inscription, trouvée sur une base, était-elle celle d'une statue de Dinoménès, offerte par un certain Métrotime dans la citadelle d'Athènes.

EUPHÉMON (Q. Plautius), ar., paraît avoir bâti ou réparé une des portes de Messène. B. c. inscr. v. 1, n.° 1460. ?

GOURGOS d'Athènes, fondeur d'or. B. c. inscr., v. 1, n.° 930.

HOROTHÉE. *Voy.* ce nom. Il paraîtrait que ce statuaire fit une statue de Cérès Chthonia, consacrée à Hermione par un Aristomène. B. c. inscr. v. 1, n.° 1194. ?

MIDÉE, pla. ΜΙΔΕΙΟΥ. Un vase modelé sur une tuile *antéfixe*, portait le nom de ce plasticien, qui, de même qu'Athénée (*voy.* p. 84), était probablement athénien. B. c. inscr., v. 1, n.° 542. ?

NICÉPHORE, fils de Nicéphore, st. On a trouvé ce nom dans une inscription messénienne. B. c. inscr. v. 1, n.° 1402. ?

PRIMUS, pla. ΠΡΕΙΜΟΣ. Deux lampes en terre cuite, trouvées dans l'Attique, portaient le nom de ce plasticien, dont le nom indique qu'il était romain ou du temps de la domination des Romains en Grèce. B. c. inscr. v. 1, n.° 543. ?

TAURISCUS, ar., construisit un pont sur l'Alphée, à Mégolopolis en Arcadie. B. c. inscr. n.° 1537. ?

FIN.

www.ingramcontent.com/pod-product-compliance
Lightning Source LLC
Chambersburg PA
CBHW070303100426
42743CB00011B/2331